Michaela Mardonovic

Yogananda –
Verwirkliche dein wahres, göttliches SELBST

Smaragd Verlag

Bitte fordern Sie unser kostenloses Verlagsverzeichnis an:

Smaragd Verlag e.K.
Neuwieder Straße 2
D-56269 Dierdorf
Tel.: 02689-92259-10
Fax: 02689-92259-20
E-Mail: info@smaragd-verlag.de
www.smaragd-verlag.de

Oder besuchen Sie uns im Internet unter der obigen Adresse und melden Sie sich für unseren Newsletter an.

© Smaragd Verlag, 56269 Dierdorf
Deutsche Erstausgabe: Juni 2015
© Cover: © Lava Lova - Fotolia
Umschlaggestaltung: preData
Satz: preData
© Foto Autorin: Alexander Pečnik
Printed in Czech Republic
ISBN 978-3-95531-105-6

Urheberrechtlich geschützt.
Kopien für private und gewerbliche Zwecke, auch auszugsweise, nur mit Genehmigung von Smaragd Verlag.
Der Smaragd Verlag gibt keine Gewährleistung oder Garantie hinsichtlich der Angaben in diesem Dokument.

Inhalt

Yogananda – 12 Channel-Sitzungen vom 14.5. – 21.6.2013
Transkription der Live Audioaufnahmen
(Übertragung in korrekte Schriftform bei gleichem Inhalt)

Geleitwort von Werner Burkart, Deutscher Botschafter in Slowenien a.D. 7
Vorwort von Erhard Josef Großmann 8
Kommentare von Anwesenden bei den Channel-Sitzungen 9
Persönliches Vorwort 13
Anleitung zum Lesen 15
Einleitung von Yogananda 17

1. Die Geistigen Gesetze gelten für uns alle 19
2. Das Herz und seine Geschichte 31
3. Die Abenteuer der Seele 45
4. Indien und was uns seine Geschichte sagt 60
5. Meine Welt und ihr Einfluss auf mein Leben 75
6. Kleider machen Leute 93
7. Warum meine Ideen mein Leben bestimmen 107
8. Die Abgründe des Verstandes 124
9. Die Leichtigkeit des Seins 139
10. Karmaerlösung als Rettungsanker 152
11. Wie ich Meinen Weg finde 167
12. Wir haben noch viel zu tun 184

Danksagung 197
Über die Autorin 199

Geleitwort von Werner Burkart, Deutscher Botschafter in Slowenien a.D.

Als ich von meiner Frau gebeten wurde, im Nebenhaus meiner Residenz Räumlichkeiten für Michaela Mardonovic zur Verfügung zu stellen, war ich zunächst skeptisch. Ich hatte noch nie von Yogananda gehört, und auch bei dem Begriff „Channeling" hätte ich eher an etwas Naturwissenschaftliches gedacht als an Botschaften aus der Geistigen Welt. Heute, nachdem ich die Übermittlungen von Michaela Mardonovic „live" miterlebt habe, vor allem aber nach der Lektüre des vorliegenden Buches, bin ich glücklich, mich positiv entschieden zu haben.

Es ist schön, dass ich die logistischen Voraussetzungen für die Channelings in der Gruppe schaffen und damit allen Teilnehmern eine große Freude bereiten konnte. Vor allem aber freut es mich, dass nunmehr die Botschaften Yoganandas, die mitgeschnitten wurden, in Form dieses Buches einem breiten interessierten Publikum zur Verfügung stehen. Ich denke, dass sich jeder in diesen Botschaften wiederfinden, auf jeden Fall aber von ihnen profitieren kann. Möge sich das Wort Yoganandas, wie er selbst sagt, zum Wohl der Menschheit über die Erde verbreiten. Ich bin sicher, dieses Buch wird dazu beitragen.

Werner Burkart,
Deutscher Botschafter in Slowenien a.D.

Vorwort von Erhard Josef Großmann

Michaela Mardonovic vermittelt Sri Paramahansa Yoganandas allumfassende Weisheit leicht verständlich und mit Freude zur Nahrung der Seele. Mit diesem bezaubernden Buch wird jeder auf seine Weise sanft berührt und durch einen abgestimmten Prozess geführt. Yogananda führt an den Punkt, an dem sich Wege eröffnen und der Funke überspringt.

Yoganandas Wärme und Präsenz sind in jedem Satz zu spüren, und jeder Einzelne wird von ihm – und das für alle Zeit – mit Leichtigkeit durch seine Erfahrungen getragen. Yoganandas Wirken erlöst Übel, und die Dinge verändern sich scheinbar wie von selbst im Einklang mit dem Plan des Lebens, was erlaubt, den Prozess mit Freude zu genießen.

Mögen die Lesenden das Licht in der Welt vermehren.

Erhard Josef Großmann

Kommentare von Anwesenden bei den Channel-Sitzungen

Während Michaelas Übertragung verwandelte sich für mich das Zimmer, in dem wir uns trafen, in einen energiegeladenen Raum. Ich fühlte eine tiefe Verbundenheit zwischen uns. Noch nie habe ich eine solch hohe Spiritualität erlebt. Es gibt für mich keinen Zweifel: Die Geistige Welt war anwesend. Wir hatten sie eingeladen, und sie war gekommen.

Ich vertraue darauf, dass, wann immer wir Menschen bewusst die Geistige Welt um Hilfe bitten, wir erhört werden.

Anny Burkarl, Krankenschwester/Shiatsu Therapeutin

Michaela Mardonovic hatte ganz freilassend ins Horus-Center Ljubljana zu den Channel-Sitzungen eingeladen. Weg von Hektik und Tempo kamen wir in eine gelöste, warme und zugleich klare Atmosphäre. Die Themen waren uns vorher bekannt gemacht worden, und trotzdem gab es immer überraschende und sehr erhellende und bereichernde Aspekte auf der Seelenreise. Geöffnet, lichtvoll und im Vertrauen auf die Zukunft und ihre Notwendigkeiten ging ich wieder in meinen Alltag.

Monika Gehrke, Studienrätin,
hessische Programmlehrkraft in Slowenien

Wir kamen zu Michaelas Channelings, weil wir im spirituellen Bereich etwas für uns tun wollten. Nachdem wir die ersten Sitzungen erlebt hatten, waren wir begeistert davon, dass die

Themen uns immer persönlich betrafen und wir uns darin wiederfanden. Das war besonders dann überraschend, wenn wir im Vorhinein dachten, das aktuelle Thema hätte nichts mit uns zu tun. Während den Sitzungen fühlten wir uns immer angesprochen und erhielten Hinweise zu Themen, die uns gerade aktuell beschäftigten. Das war sehr beeindruckend. Faszinierend empfanden wir die fließende Rede von Michaela, ohne Unterbrechungen oder dass man auch nur einen Augenblick das Gefühl hatte, sie würde darüber nachdenken, was sie sagt. Wir hatten vielmehr den Eindruck, ihre Gedanken wurden ihr zu jedem Zeitpunkt direkt von oben eingegeben und in ihre Worte umgesetzt.

Martina Patt, Versicherungsfachfrau und
Klaus Patt, Deutscher Militärattaché in Slowenien a.D.

Eine sehr liebe Kundin hatte mir von Michaela erzählt und von der unglaublichen Erfahrung, die sie mit ihr gemacht hatte. Meine Bekannte hatte eine private Sitzung mit Michaela, in der es zum Kontakt mit ihrer verstorbenen Verwandten gekommen war. Die Erfahrung war so tiefgehend und emotional, dass es mich tief berührte. Darum rief ich Michaela eines Tages an, und sie erzählte mir, dass gerade die Yogananda Channelings stattfinden würden und ich gerne dazukommen könnte. Natürlich eilte ich sofort hin, und die Erfahrung war einmalig. Da das Channeling in deutscher Sprache stattfand, zweifelte ich zuerst, ob ich genug verstehen würde, da ich die Sprache eher passiv beherrsche. Aber schon nach ein paar Minuten fühlte ich mich in eine Art virtuelle Dimension getragen, in eine Dimension solcher Ruhe und klaren Bewusstseins, wo alles kristallklar war. Wunderbar! Danke für dieses Erlebnis.

Nataša Vujić, Designerin

Ich bin Yogananda und seiner Lehre seit vielen Jahren verbunden. Als Mitglied der von Yogananda gegründeten SRF (Self-Realization Fellowship, Gemeinschaft der Selbst-Verwirklichung) war mir bekannt, dass Yogananda zu seinen Lebzeiten sagte, dass er sich nach seinem Tod nicht weiter äußern würde, und wenn jemand so etwas sagen würde, wäre es nicht echt. Auch ich kann nicht sagen, ob es Yogananda war, der hier sprach. Aber ich spürte, dass jemand durch Michaela sprach und sehr hohe Energien auf hoher Ebene zu Wort kamen.

Eine Teilnehmerin

Ich kam zu den Sitzungen, weil ich zu mir kommen wollte. Bei meiner Arbeit empfinde ich mich als Teil einer Masse. Alles ist sehr interessant und auch teilweise inspirierend, aber eigentlich ist man dort gewissermaßen verloren. Bei Michaela kommt man weg von dieser lauten Umgebung, in der man so viele Stimmen gleichzeitig hört. Man kommt zurück zu sich.

Während der Channelings fühlte ich eine große Ruhe und Geborgenheit, die mit meinem Leben sehr gut harmonieren. Sie hatten eine sehr beruhigende Wirkung auf mich und brachten mich in eine angenehme Stimmung. Danach sehnt man sich normalerweise, da man von allen Seiten immer nur gestört wird. Und plötzlich gab es da diesen Raum und die Menschen darin, mit denen ich diese harmonische Ruhe erleben konnte. Es gab mir einen gewissen Halt. Intuition, Zuversicht anstatt immer aktiv zu sein und ständig einen Plan zu verfolgen. Ich gebe nun viel mehr meiner Intuition und den sogenannten nicht-rationalen Momenten in meinem Leben Gewicht.

Marianna, Diplomatin

Persönliches Vorwort

Yogananda wurde von seinem Guru in Indien nach Amerika entsandt, um Yoga als Weg zur Selbstverwirklichung und zur Einheit mit Gott in der westlichen Welt zu verbreiten. Einem größeren Publikum wurde er bekannt durch seine »Autobiographie eines Yogi«.

Das Lesen der Autobiographie löste bei mir einen Transformationsprozess aus. Sehr überrascht war ich, als sich Yogananda aus der Geistigen Welt meldete. Er gab mir zwölf Themen vor, die ich schnell mitschrieb, und er sagte mir, ich solle seine Botschaften für die Menschen dazu innerhalb von sechs Wochen empfangen. Da ich als Heilerin ein kleines spirituelles Zentrum in Ljubljana leite, legte ich also Temine fest und lud Interessierte dazu ein. Bei jeder Sitzung begann ich pünktlich zu sprechen, was einiges an Mut erforderte, denn als ich den Mund öffnete, wusste ich noch nicht, was ich sagen würde ☺.

Das Aufnahmegerät war eingeschaltet und die erwartungsvollen Blicke der Anwesenden auf mich gerichtet. Die besondere Herausforderung lag für mich darin, im Rahmen meiner sprachlichen Möglichkeiten der Fülle an Informationen Ausdruck zu verleihen und dabei eigene Gedanken auszublenden. Ich war nicht in Trance, wie ich von anderen Medien gelesen hatte, sondern möglichst offen und konzentriert zugleich. Jedes Mal war ich überrascht, wie schnell die Zeit verging und wie sich aus dem, was ich sagte, ein Bogen spannte und alles einen Sinn ergab. Da ich nur Satz für Satz sprach, war mir dieser nicht in jedem Moment von Anfang an klar. Die Tiefe der Einsichten ergriff alle Anwesenden, einschließlich meiner selbst.

Als ich die Aufnahmen hörte, wirkte die Energie wieder überraschend stark auf mich, so, als hätte ich die Worte nicht selbst gesprochen. Es war klar für mich, dass ich heilige Weisheiten empfangen hatte, die ich aus mir selbst heraus nicht hätte erschaffen können. Nach bestem Wissen und Gewissen habe ich sie in möglichst einfache Worte gekleidet, und alle Unschärfen und unklaren Ausdrücke sind allein auf meine Unzulänglichkeit zurückzuführen. Ich hoffe jedoch, dass Yoganandas Botschaften auch für dich eine tiefgreifende Lebenshilfe auf deinem Weg sein können.

In großer Dankbarkeit,
Michaela Mardonovic

Anleitung zum Lesen

Wenn du erreichen möchtest, dass der Inhalt dieses Buches deine äußeren, intellektuellen Schichten durchdringt, lass dir Zeit zum Lesen. Ich empfehle höchstens ein Kapitel am Tag. Es kann auch angebracht sein, sich zwischen dem Lesen der einzelnen Kapitel mehrere Tage Zeit zu lassen. Das kommt ganz darauf an, wie tief du in die Themen einsteigen möchtest. Willst du in einem Transformationsprozess dein wahres SELBST hervorbringen und aktivieren? Dann lass dir Zeit, die Mantelschichten, die du darum herum angelegt hat, nach und nach abzulegen. Bleib nicht auf der Ebene des Verstandes und des intellektuellen Verstehens stehen. Lies mit deinem Herzen. Erfasse die Aussage und den Sinn hinter den Worten. Gehe auf die energetische Ebene der Botschaften und lass sie zu deinem höchsten und besten Wohl auf dich wirken.

Die kursiv beziehungsweise fett gedruckten Passagen dienen dem Versuch, dir den Text beim Durcharbeiten oder Nachschlagen schneller zugänglich zu machen:

Grün = Konkrete Übungen/Anleitung
Blau= Fragen zur Selbstreflexion

Viel Freude dabei.

Einleitung von Yogananda

Ich, Yogananda, grüße euch. Ihr seid alle in meinem Herzen, so, wie auch ich in eurem Herzen bin. Ich fühle, dass ihr mich gerne dort haben möchtet und mich hineinlasst. Und ich freue mich, dass wir gemeinsam in dieser Freude sein können, hier zu sein… hier als Mitglieder dieser Gruppe, wie es viele Gruppen auf der Welt gibt, die alle in dem Wunsch miteinander verbunden sind, in die Neue Zeit der Entwicklung der Menschheit zu gehen.

In meinem letzten Leben als Yogananda habe ich genau das getan: Die Botschaft verbreitet, dass alle Lebewesen dieser Welt in Liebe miteinander verbunden sind. Es gibt keine wahren Unterschiede in Nationalitäten, Rassen, Religionen oder ethnischer Zugehörigkeit. All das sind nur verschiedene äußere Formen dessen, was in Wirklichkeit diese Lebewesen berührt. Die Wirklichkeit sind eure unsterblichen Seelen, die in der Unendlichkeit leben. Sie bereisen schon sehr lange, seit ihrer Seelengeburt, diese Welt und andere Welten und werden noch weiter reisen.

Ich spüre einen Schmerz in manchen Herzen, der auch mein Schmerz ist. Denn ich fühle mit euch. Ich fühle mich in euch hinein, sofern ihr dies wünscht, und helfe euch, diesen Schmerz zu lösen. Ihr alle, die ihr mich nun hört, fühlt euer Herz, das physische Herz, und fühlt den Druck, der sich fast zwangsweise durch das menschliche Leben aufbaut.

Jeder, der es wünscht, darf nun eine Heilung erfahren und fühlen, wie ein Licht in sein Herz kommt.

Nutzt die Zeit, macht euch bewusst, ob das euer Wunsch ist. Insofern es euer Wunsch ist, macht euch bereit, zu empfangen – den göttlichen Funken aus der Unendlichkeit, der euch wieder an eure Unsterblichkeit erinnern wird, und daran, dass alles Leid nur scheinbar ist, verbunden mit eurer Rolle als Mensch. Lasst also für einen Moment diese Rolle los, geht ins Vertrauen und macht euch bereit, die Liebe als höchste Schwingung des Universums zu empfangen. Die höchste Heilkraft.

Atmet ganz ruhig weiter. Lasst den Atem locker und leicht durch euch fließen… Fühlt, wie ihr miteinander, alle wie ihr seid, mit Allem-was-ist verbunden seid…

Ihr könnt nun fühlen, wie sich eure Körper miteinander verbinden, ich spreche hier von den verschiedenen Körpern eines jeden. Denn außer dem physischen Körper gibt es den Astralkörper, den energetischen Körper und natürlich den Geist-Seele-Verbund. Spürt nun, dass all dies eins ist und wie ihr aus der kleinen physischen Form mit Leichtigkeit heraustretet, hinein in das Große Ganze, das euch ausmacht.

Nach dieser Integration wird es euch leichterfallen, die Geistigen Gesetze aufzunehmen, über die ich nun sprechen werde.

1. Die Geistigen Gesetze gelten für uns alle

Die Geistigen Gesetze gelten für uns alle. Hierzu mache sich nun bitte ein jeder bewusst, dass er ein Teil des Großen Geistes ist, der alle Seelen miteinander verbindet. Dieser Große Geist bildet gleichzeitig ein universelles Gesetz, das für alle Seelen gilt. Aus der Leichtigkeit und Schwerelosigkeit heraus, die die wahre Integration aller Körper eines Wesens mit sich bringt. Damit ist es leichter, sich auf die universelle Gültigkeit der Geistigen Gesetze einzulassen.

Die Geistigen Gesetze unterscheiden sich oft erheblich von den Gesetzen, die die Menschen füreinander geschaffen haben. Die menschlichen Gesetze unterscheiden sich schon von Land zu Land, von Kultur zu Kultur, auch abhängig von den verschiedenen Religionsgemeinschaften, die sie mit beeinflusst haben. Die menschliche Gesetzgebung hat also nicht viel mit den Gesetzen zu tun, die in Wirklichkeit für alle Wesen gelten. Sie erfasst in keiner Weise die Notwendigkeit, die in Wirklichkeit für die Seelen besteht, die in diesem Moment auf der Erde inkarniert sind. Daher ist es wichtig, dass wir uns die Geistigen Gesetze, zumindest die wichtigsten, einmal näher anschauen:

(1) Das erste wichtige Gesetz lautet: **Wie oben, so unten**. Wie innen, so außen. Macht euch bewusst, dass der Mikrokosmos ein Spiegel des Makrokosmos ist und umgekehrt. Wie im Großen, so ist es auch im Kleinen. Und wie es außen aussieht, so ist auch das ein Spiegelbild des Inneren. Es gibt Dinge, die ihr sehen könnt oder die euch durch Satelliten oder Fernrohre gezeigt werden. Euch ist also in etwa klar, wie das physische

Universum aufgebaut ist, wie die Planeten in eurem Sonnensystem um die Sonne kreisen, und dass es noch viele ähnliche Sonnensysteme in der unendlichen Weite des Kosmos gibt. Der physische Körper ist ähnlich aufgebaut. Jeder hat wahrscheinlich schon einmal von dem Atomkern gehört, davon, wie die Elektronen um ihn herumkreisen, diese Einheit ein Atom bildet usw.

Wovon die meisten Menschen noch nichts gehört haben, ist die geistige Grundlage dieser physischen Phänomene. Es ist tatsächlich so, dass auch Menschenleben sehr ähnlich organisiert sind. Es gibt immer sogenannte Hauptpersonen, um die die anderen in zyklischen Bewegungen herumkreisen. Und diese Bewegungen spiegeln sich in der Zeitabfolge wider: im Aufbau, in der Entwicklung und genauso im Abbau und wieder im Zerfall.

Es gab in der Vergangenheit Menschen, die sich eben dieses Wissen zunutze gemacht haben, um andere zu manipulieren. Sie waren sich klar über die Bedürfnisse der Menschen, die im Äußeren ihre inneren Prozesse widergespiegelt sehen wollten. Unterbewusst war jedem klar, dass die inneren Bewegungen sich auch im Äußeren zeigen mussten. Und so haben sich Menschen zum Zentrum, *zur Sonne* gemacht von Systemen, in denen andere um sie kreisen. Das war nicht unbedingt zum Wohl der menschlichen Gemeinschaft. Die Systeme haben aber immer innere Bedürfnisse der Menschen befriedigt, die eine gewisse Zufriedenheit darin fühlten, dieses innere Bedürfnis nach zyklischem Kreisen um ein Zentrum herum realisiert zu sehen, auch in ihrem äußeren Umfeld. Das hat sich dann manifestiert in politischen Systemen, die um einen Diktator kreisen. Viele Menschen spürten den starken Wunsch, und zum Teil spüren sie ihn noch, sich an einer Figur zu orientieren, die ihnen ein Zentrum bietet. Ein Zentrum, an dem sie sich orientieren und um das sie kreisen können. Menschen, die das wussten, haben sich dies zunutze gemacht, um sich selbst eine Machtposition aufzubauen, die ihnen diese zentrale Rolle ermöglichte.

Wie alles im Universum zusammenarbeitet, sieht man daran, dass diese Systeme mit den einzelnen Lebensgeschichten der Menschen harmonierten, die in ihrem Seelenfilm bestimmte Erfahrungen machen wollten, in ihrer Inkarnation als Mensch, als Teil dieser Systeme. Zum großen Teil haben diese Systeme sich wieder selbst zerstört, wie es der Natur entspricht: Etwas entwickelt sich und wächst und wächst, bis es über einen Gipfel hinauskommt, wo das Wachstum sich umkehrt in Chaos, Inzest und Zerfall. Normalerweise orientieren sich Menschen dann schnell neu und um ein neues Zentrum herum, um eine neue Sonne, um die sie kreisen können. Darum werden nie alle Menschen ohne eine Führung in ihrer Form gleich sein. Denn die Menschen, aufgrund des Aufbaus ihrer innersten Systeme und aufgrund dessen, dass sie Teil von großen Systemen sind, die genauso aufgebaut sind, wünschen sich eine Orientierung, die ihnen Halt gibt und einen Sinn in ihr Dasein bringt, die ihnen Erklärungen für ihr Sein und ihren Weg bietet. Das ist wichtig zu verstehen, damit es für euch nachvollziehbar ist, warum es keine vollkommene Egalität und Gleichheit unter den Menschen geben wird. Das heißt in keiner Weise, dass einige mehr wert sind als andere. Denn der gleiche Funke Gottes strahlt in jedem Lebewesen.

Unterschiede gibt es im Stand des Bewusstseins, der den Menschen individuell zur Verfügung steht. Viele, die noch hier inkarniert sind, werden sich verabschieden und diese Welt nicht weiter bereisen. Aber auch bei denen, die hier bleiben und sich auch in den nächsten Generationen weiter inkarnieren werden, wird es Unterschiede geben in den Begabungen und Talenten, den Wünschen, was zu tun ist, und welcher Weg im Rahmen der Seelenerfahrungen zu beschreiten ist. Die Aufgaben und Positionen werden auf der Grundlage der Geistigen Gesetze unterschiedlich sein. Versteht also, dass Hierarchien, die sich heute und in späteren Zeiten herausbilden werden, sich aufgrund des höheren Bewusstseinstands der gesamten Menschheit und des Aufstiegs der Erde in die Fünfte Dimension nicht mehr vergleichen lassen mit früheren hierarchischen Systemen, in denen Einzelne Machtpositionen auf Kosten der anderen innehatten.

Egoistische Macht-Wünsche wird es innerhalb von ein paar Jahren nicht mehr geben. Der Grund dafür, dass einige mehr Macht haben werden als andere, liegt allein in den natürlichen Gegebenheiten, die ich gerade aufgeführt habe. Jedes Rädchen im Gefüge ist wichtig, wertvoll und gottgewollt. Jeder kann sich nach seinen Wünschen und Talenten verwirklichen, wertvoll und wichtig sein für die Gemeinschaft an der Stelle, an der er steht, und auf dem Weg, den er sich wählt. Geehrt und geachtet von allen anderen, in und mit den Aufgaben, die er auswählt. Das sind Aufgaben, die den Menschen glücklich machen und in die er sozusagen hineingeboren wird, da in den nächsten Generationen die Fehltritte, die den Menschen weit von seinem eigentlichen Lebensplan wegführen, immer weniger werden. Auch wenn der Bewusstseinstand der Menschen nie ganz gleich sein wird und es einigen leichterfallen wird, ihr Bewusstsein wachzuhalten, so wird doch insgesamt ein Niveau erreicht, dass es den Menschen nicht mehr nötig ist, in ein schwarzes Loch zu fallen, wo sie sich und ihren Weg verlieren. Macht euch also keine Sorgen, alles wird sich ganz natürlich entwickeln und ergeben.

(2) Das zweite wichtige Geistige Gesetz lautet: **Alles ist miteinander verbunden.** Ihr seid alle miteinander verbunden, und es ist unmöglich, dass einer vollkommen glücklich sein kann, wenn alle anderen es nicht sind. Das wird innerhalb kürzester Zeit als ständiges Wissen im Bewusstsein sein. Es gibt einen ganz logischen Grund dafür, dass sich niemand mehr auf Kosten anderer bereichern wird. Jeder spürt genau, dass dies keine wahre Bereicherung sein kann. Eine Bereicherung auf Kosten anderer wird bald der Vergangenheit angehören, da sie auf Illusionen auf der physischen Ebene beruht, die nichts mit wahrer Bereicherung zu tun hatten. Viele haben viel schlechtes Karma auf sich geladen, das sie in späteren Leben abgearbeitet oder noch abzuarbeiten haben. In diesem Wissen und im Gefühl für den Mitmenschen und für Alles-was-ist wird es solcherlei motivierte Taten nicht mehr geben. Von daher ist auch Machtmissbrauch völlig ausgeschlossen. Es werden sich auf ganz natürliche Art und Weise eine Führung und verschiedene, miteinander verknüpfte Führungssysteme innerhalb der Menschheit ergeben. Das geschieht durch Menschen, die es vermögen, möglichst durchgehend eine hohe Schwingung zu halten und damit auf der Schwingung der Liebe zu sein, die sie miteinander verbindet.

Es werden geistige Konferenzen stattfinden, bei denen Menschen dazu in der Lage sind, ganz natürlich und selbstverständlich mit den Wesen aus der Geistigen Welt, die keinen physischen Körper besitzen, zusammenzukommen. Diese Konferenzen dienen der Führung der Geschäfte, der Nutzung der Naturkräfte auf der Erde, der Nutzung der kosmischen Kräfte, der Verteilung aller Gaben auf der Erde. Die Erde wird durch das Universum bereichert, und das gleichermaßen für alles, was auf der Welt lebt. Alles wird zum höchsten und besten Wohl aller verteilt werden. Und es wird genug geben, genug da sein.

(3) Nun kommen wir zum dritten Geistigen Gesetz: **Jeder Mangel ist Illusion.** Es ist genug für alle da, und es wurde lange fehlerhaft gepredigt, dass man sparen muss und es nur für einige wenige genug gibt und alle anderen leiden und sich einschränken müssen. Es ist unnötig in einer gesunden Welt, dass jemand sich erst glücklich fühlt, wenn er unendliche Reichtümer besitzt. Das ist nicht natürlich. Niemand braucht 100 Millionen zu besitzen, zehn Häuser und Yachten usw. All dieser physische Besitz war ein Ersatz für bestimmte Personen, die damit versuchten, ihre inneren Löcher und ihre Leere zu stopfen.

Schon immer gab es Menschen, die weitaus glücklicher sind mit wesentlich weniger materiellem Besitz und doch immer ein inneres Glück und eine Zufriedenheit ausstrahlen und durch ihr Licht ihre Umgebung erhellen. Bei ihnen konnte und kann jeder gleich spüren, dass sie dort angekommen sind, wo andere noch hinstreben, indem sie immer mehr wollen. Es wird sich nach und nach das Wissen verbreiten, dass der wahre Reichtum tatsächlich aus dem Inneren quillt. Aus dem inneren Universum, das in jedem von euch ist, nach außen strömt und sich in einem Wohlstand zeigt, der Glück und Zufriedenheit ausstrahlt. Mit genügend Wahlmöglichkeiten für jeden, der auf der Erde lebt. Nicht jeder möchte das gleiche, und es wird keinen Wunsch nach Krieg mehr geben, um für die gleichen Dinge zu kämpfen. Alle Ressourcen verteilen sich ganz natürlich, und dieses Wissen wird die sinnlosen Kämpfe, die im Moment noch auf der Erde toben, ablösen. Sobald sich der Geist für alle anderen Möglichkeiten öffnet, die bestehen, außer der einen, um die die Gruppen gerade kämpfen, wird endlich Frieden einkehren.

Noch einmal: Es ist für jeden genug da! Die Menschen werden erstaunt sein, wie wenig sie in Wirklichkeit brauchen und sich vollkommen reich dabei fühlen. Das ist nichts, was von außen auferlegt wird, wo man sich bescheiden, mit etwas auskommen muss. Nein! Jeder wird reich sein, sich reich fühlen. Die Bereiche der Einzelnen werden sich in einer Form überlappen, die keine harten, kalten Grenzen bildet, sondern wo man miteinander teilt, miteinander lebt, in Toleranz und Verständnis für die Unterschiede zwischen den Menschen und ihrer Kulturen und Religionen, die noch einige Zeit weiterbestehen werden.

(4) Das vierte Geistige Gesetz sagt uns: **Es gibt nur eine wirkliche universelle Religion: Gott ist alles.** Ihr alle seid Gott. Und Gott ist vollkommen. Alles, in dem ihr euch nicht vollkommen erlebt, ist nur Schein, ein Teil der großen *Maya*, der vorgetäuschten Welt, in der ihr eure Körper hin- und herschiebt, vor- und zurückbewegt wie Schachfiguren, um ein Spiel zu spielen, das inzwischen uralt ist, man kann sagen: veraltet. Das Bewusstsein der Menschen wird langsam, Schritt für Schritt,

befreit von all dem alten Ballast, der längst abgearbeitet ist. Die leidvollen Seelenerfahrungen wurden gemacht. Jeder konnte in seiner Welt individuell wachsen, in seiner Vorstellungswelt, die nun langsam wieder der universellen Welt weicht. In der Realität hinter dem Traum, die alle Menschen miteinander teilen, prallen die verschiedenen Vorstellungswelten nicht mehr aufeinander. Sie lösen sich einfach in Wohlgefallen auf, da sie ihren Dienst getan haben.

(5) Das fünfte Geistige Gesetz sagt uns: **Alles ist Einheit. Wir sind alle eins.** Nicht nur wir, die wir ein schlagendes Herz haben. Alles, was ihr seht, ist Teil der Maya, der Täuschung. Lustigerweise ist es genau umgekehrt, wie euch lange weisgemacht wurde, dass nur wirklich existiert, was ihr mit euren Augen sehen könnt. In Wirklichkeit existiert nur das, was ihr nicht mit euren physischen Augen sehen könnt. Das ist die wahre Wahrheit unter allem. Das, wo ihr alle eins seid, egal ob Mensch, Baum, Stein. Alles besteht aus dem gleichen Stoff. Jedes Molekül dieser Erde, egal, ob im Kern der Erde oder außen am Rand befindlich, besteht aus dem gleichen Stoff.

Und schaut weiter ins Universum, ins scheinbare Nichts zwischen den Planeten, das Nichts zwischen den Sonnensystemen. Genau dieses Nichts findet ihr in eurem Körper wieder. Die Physiker haben festgestellt, dass 99,9 % eines Atoms aus Nichts besteht. Und wir bestehen aus Atomen. Alles besteht aus Atomen. Also bestehen wir aus Nichts. Das gilt genauso für die Wesen der geistigen wie der physischen Welt. Alles ist eins. Eine Einheit, die aus nicht Messbarem besteht. Es gibt viele Apparate und Maschinen, die etwas messen können, die aber nur etwas auf dem Weg messen. Wenn man noch weiter hineinschaut, immer tiefer und tiefer, wird man immer irgendwann auf Nichts treffen. Und so wird man auch Nichts finden.

Genau dieses Nicht-Messbare war für viele ein Beweis für die Nicht-Existenz von Gott. Man hat versucht, ihn zu finden, indem man immer weiter gebohrt, immer weiter versucht hat, in die Tiefe zu gehen, etwas zu messen, wo nichts ist. Tatsächlich ist es so, dass, wenn man einen Fernseher auseinandernimmt, man auch kein Programm finden wird, nur eine Menge Schrauben und anderes physisches Material. Der Heilige Geist, der Alles-was-ist durchfließt, ist nicht mess- und findbar, sondern fühlbar.

(6) Das sechste Geistige Gesetz lautet: **Alles ist Gefühl. Alles andere ist nichts.** Euer Gefühl ist das Einzige, auf das ihr euch verlassen könnt. Alles andere, was sichtbar ist, ist Maya, die Täuschung. Was euch niemals täuschen kann: euer wahres Gefühl, das aus eurem Inneren strömt. Dieses verbindet euch mit allem anderen: mit Allem-was-ist. Und lasst euch nicht einreden, dass es hier verschiedene Ebenen gibt. Denn im Gefühl sind alle eins, unabhängig vom Bewusstsein, vom Grad der Wachheit. Auch ein Mensch, der noch nicht vollkommen erwacht ist, ist in seinen Gefühlen gleich mit dir. Und diesen Respekt, diese Achtung vor dem Gefühl, das euch alle verbindet, uns alle verbindet, ist genau der zentral-wichtige Punkt, der die neue von der alten Welt unterscheidet. Im Bewusstsein, dass das Gefühl uns ausmacht, alle gleich macht, im Gefühl liegt zugleich die Wertschätzung eines jeden, welche Aufgabe er auch wahrnimmt und ausfüllt. Hier gibt es keine Hierarchie

im Sinne von mehr oder weniger wichtig. Jedes Kind, egal, welchen Alters, jede Frau, jeder Mann, egal, welche Position sie auch bekleiden, ist gleichwertig und gleich ernst und wichtig zu schätzen in seinem/ihrem Gefühl.

In der Neuen Welt wird niemand mehr gequält, werden keine Tiere missbraucht werden, um niedere Bedürfnisse zu erfüllen. Bei der Nahrungsaufnahme werden Menschen noch mehr als bisher zunehmend den Wunsch haben, sich nur mit reiner Energie zu füllen und nicht mit der Energie, die dem Leid anderer Lebewesen entspringt. Zunehmend wird jeder Mensch spüren, dass er sich durch die Aufnahme solcher Nahrung Schaden zufügt, sein Energiewert sinkt und es ihm zunehmend schwerfallen wird, einen hohen Bewusstheitsstand, einen hohen Grad der Wachheit zu halten.

(7) Das siebte wichtige Gesetz lautet: **Alles ist Energie. Wir sind alle Energie.** In den nächsten Generationen werden die Menschen nicht mehr abhängig sein von physischer Nahrung oder allein-physischer Nahrung. Bereits jetzt erhalten sich Menschen durchschnittlich ca. durch 20% reine Energieaufnahme, dies geschieht im Allgemeinen noch unbewusst. Dieser Prozentsatz wird sich bei jedem Einzelnen erhöhen. Manche werden auch schnell umschalten können oder wollen auf 100% Energieaufnahme. Bei anderen wird es stufenweise gehen, aber durch die nächsten Generationen wird es zunehmend diesen Umschaltungsprozess geben.

Bisher machen noch fast alle Menschen den Umweg über die Nahrungsaufnahme, obwohl man bereits jetzt weitaus mehr Energie zu sich nehmen könnte, ganz direkt, ohne den Umweg über die Verdauung. Vielen ist vielleicht bereits bewusst, dass frische Pflanzennahrung einen höheren Energiewert hat als saturierte Nahrung, fleischliche Nahrung, verarbeitete künstliche Nahrung. Sie spüren bereits, dass gerade auch pflanzliche Nahrung aus dem eigenen Garten sie besonders bereichert. Diese Nahrung enthält noch mehr der natürlichen Energie, die sowieso überall um uns herum ist und die wir *sind*.

Jeder kann lernen, diese Energie direkt aufzunehmen: durch die Haut, durch den Geist. Diese Energie einfach in die eigene Energie zu integrieren. Das geht umso leichter, je eher ihr euch bewusst macht, dass ihr keine wirklichen Grenzen zu eurer Umwelt habt. Dass dies nur eine Täuschung ist. Eine Energieform, wie sie jeder ist, kann man nicht einsperren. Der physische Körper ist kein Gefängnis. Jeder hat sich einen Körpertempel aus einem Teil der Energie geschaffen, die jedem Geistwesen zur Verfügung steht. Und so, wie sich dieser Körpertempel auch am Ende einer Inkarnation auflöst und die Energie wieder umgewandelt, integriert wird, kann sich jeder durch reine Visualisierung daran erinnern, dass er ein geistiges Wesen ist. Jederzeit durchlässig für alle Kräfte, so, wie man es sich vorstellen möchte. Hier ist jeder in seiner Schöpferkraft gefragt und gefordert.

Reine Energie als Nahrung aufzunehmen, bereichert ohne Ballast, ermöglicht jederzeit ein Gleichgewicht der Kräfte. Niemand braucht sich mehr zu verausgaben, niemand braucht kostbare Energie für den Verdauungsprozess aufzuwenden. Hier geschieht im Moment noch viel Transformations- und Umwandlungsarbeit, die ihr euch eigentlich sparen könnt. Es gibt keine Regeln, jeder kann sich für seine Möglichkeiten öffnen. Es gibt kein Muss. Nichts muss, alles kann sein. Ein jeder so, wie er möchte und mag. Wichtig ist an dieser Stelle, dass ihr euch einfach klar und bewusst seid über die Einfachheit, die Leichtigkeit der Möglichkeiten, die euch zur Verfügung stehen und die ein viel größeres Spektrum umfassen, als ihr bisher ausgeschöpft habt.

Gott ist alles, ist eins mit dir, ist Energie, ist Gefühl, ist vollkommen.

Alles-was-ist = Gott

2. Das Herz und seine Geschichte

Bitte tue dir selbst den Gefallen und höre nicht blind auf dein Herz. Natürlich ist dein Herz der Fühler, der Pegel, der dir anzeigt, wie es wirklich in dir aussieht, weitaus mehr als der Verstand. Wir dürfen aber nicht vergessen, dass jedes Herz individuell seine Geschichte in dieser Inkarnation, in diesem Leben hat. Das Herz universell zu sehen wäre in diesem Zusammenhang ein Fehler.

Visualisiere bitte in diesem Moment dein Herz. Zuerst in der physischen Form, wie es schlägt und dein Blut durch den Körper pumpt. Spüre deinen Herzschlag, ob er beschleunigt ist oder langsam. Begleite dein Blut auf seiner Reise durch deinen Körper. Merkst du, wie schnell es da zugeht? Wie schnell dein Blut deinen ganzen Körper durchspült, belebt und kräftigt?

Das Herz als physisches Organ hat eine starke Strahlkraft, Auswirkung auf dein Wohlbefinden, nicht nur physischer, sondern auch psychischer Art. Stelle es dir groß und rot vor. Mit der rechten und linken Herzkammer, mit den zuführenden und abführenden Arterien und Venen. Es ist das zentrale Organ deines Körpers, das erstaunlicherweise in der heutigen Zeit sogar ausgetauscht werden kann. Und doch ist es einmalig. Werde dir bewusst, wie dein Leben an der Grundfunktion dieses Organs hängt. Dein Leben in der Form, wie es jetzt ist. Mach dir klar, dass dieses physische Organ sehr nah verbunden ist mit deinem Herzen – als Sinnbildfunktion deines Gefühls – und einen Spiegel bildet für dein Gefühlsleben.

Vielleicht hast du auch schon einmal von dem Herzchakra gehört, dem Energiewirbel und Tor in der Mitte deines Brustkorbbereichs. Fühle dich nun hinein in diesen Energiewirbel und tritt durch das Tor des Herzens in deinen Körper. Nun befindest du dich inmitten dieser leuchtenden, fließenden Energie des energetischen Spiegelbilds deines Herzens. Hier ist das Zentrum deines Gefühls. Du kannst es auch physisch auf allen Ebenen spüren, einerseits durch Glücksgefühle, die dich durchströmen, andererseits durch stechende oder drückende Schmerzen.

Mache dir nun bewusst, dass dieses Herz, sehen wir es nun als Energietor oder als physisches Organ, seine eigene Geschichte hat. Eine Geschichte, die du durch dieses Leben, durch diese Inkarnation geschrieben hast. Das universelle Herz würde immer die Wahrheit zu dir sprechen. Du könntest dich auf alle Eindrücke oder Impulse verlassen, die von dort aus in dein Gehirn weitergeleitet werden, und ihnen entsprechend folgen.

Nun ist es aber so, dass durch die individuellen Erfahrungen deines Lebens das Herz alles andere als objektiv ist. Die Summe der Erfahrungen deines Lebens spiegelt sich im Herzen wider. Alte Erfahrungen und Schmerzen sind etwas, an das sich dein Herz sehr gut erinnern kann. Es versucht also, schlechte Erfahrungen zu vermeiden, die schmerzhaft waren, und sich auf die sichere Seite zu retten, wo scheinbar das Schöne auf dich wartet. Somit versucht es, dich entsprechend zu leiten. Das, was du jetzt fühlst, ist also nicht als objektiv anzusehen.

Welche Wahrheit wird dein Herz dir zeigen? Die Erfahrungen, die es bisher mit dir in diesem Leben gemacht hat, sind nun sein Wegweiser. Dementsprechend wird es dir einen Weg zeigen, Unangenehmes zu vermeiden. Diese Lernerfahrungen, die ihr in diesem Leben teilt, sind allerdings nicht notwendigerweise Erfahrungen, die sich durch ähnliche Situationen unter Begegnungen mit den gleichen oder ähnlichen Menschen entsprechend wiederholen können oder müssen. Wenn du deinem Herzen und seinen Ratschlägen nun blind folgst, heißt das, dass du alten Mustern folgst, die dich immer wieder auf die gleiche Art und Weise reagieren lassen. Du gibst dir in diesem Sinn also keine wirklich neue Chance in diesem Leben.

Hier kann es notwendig werden, einen Gang zurückzuschalten und genau zu untersuchen, warum welche Impulse auf dich wirken. Was auch immer für ein Gefühl in deinem Herzen auftaucht – in bestimmten Situationen oder Begegnungen –, untersuche diese genau im Hinblick darauf, ob sie auf alten Erfahrungen beruhen, die mit der Gegenwart eventuell nichts mehr zu tun haben. Gib dir eine neue Chance im Leben: In einer scheinbar ähnlichen Situation anders zu reagieren, die Situation zu reflektieren und sie auf eine neue Art und Weise zu bewältigen. Wie macht man das nun, wenn man doch seinem Herzen folgen möchte und nicht dem Verstand, der so gerne die Kontrolle über unser Leben behalten möchte? Du erreichst es durch eine ganz einfache Übung. Den Beginn habe ich schon erklärt.

Gehe mental in dein Herz. Fühle dich aus deiner Mitte heraus und bitte um die Wahrheit. Zunächst die Wahrheit, die auf Erfahrungen beruht, die Warnungen beinhalten kann. Sieh sie dir an, würdige sie und stelle in diesem Moment immer die Frage: Woher kommst du? Warum ist das nun dein Ratschlag? Und dann lass die Bilder, die hochkommen, in dir wirken, ver-

bunden mit dem entsprechenden Gefühl. Bevor dein Verstand hier regulierend eingreifen kann, frage sofort nach der höchsten Wahrheit. Mit dieser Frage kannst du eine gefühlsmäßige Objektivität erreichen.

Diese Objektivität kann dir der Verstand nicht bieten. Sieh dir nun genau diese objektive Wahrheit an, die dir die Situation eventuell auf ganz andere Weise darstellt. Sie ist bereinigt und befreit von dem Filter deiner Erfahrungen, die du bereits gemacht hast. Sie erlaubt dir eine Sichtweise aus einem Blickwinkel der Unerfahrenheit, der Unschuld. Einen Blickwinkel, der dir ein Gleichgewicht der Kräfte ermöglicht. Mache dich frei von Gedanken, die sinnlos durch deinen Kopf fegen und versuchen, Kontrolle über etwas zu erreichen, das nicht zu kontrollieren ist. Dieser Kontrollversuch ist immer mit einer Einschränkung deiner selbst verbunden. Der scheinbar kontrollierbare Bereich wird immer kleiner sein als das Unkontrollierbare. Von daher würdest du dich, wenn du dich dem Verstand auslieferst, in einer Weise einschränken, die der Wahrheit und deinem wahren Gefühl nicht gerecht wird.

Gehe also zurück in dein Herz und würdige beides: den Impuls aus deinem Herzen auf Erfahrung basierend und die Sichtweise, die die unerfahrene Wahrheit aus deinem Herzen sprechen wird. Hier hast du die Wahlmöglichkeit, ganz neue Entscheidungen zu treffen, auf einer Basis, die weiter gefasst ist als deine Erfahrungsbasis.

Erfahrungen können nur individuell sein und nicht universell. Von daher können sie nur ein kleines Spektrum der objektiven Wahrheit umfassen. Die objektive Wahrheit umfasst die Summe aller Erfahrungen und gibt dir zugleich die Möglichkeit, eine Wahl zu treffen, bar jeder Erfahrung, ohne jede Erfahrung. Ängste, die in dir aufsteigen, haben in der Regel immer mit alten Erfahrungen zu tun. Manche erscheinen dir sofort irrational, und du möchtest sie hinterfragen. Lass hier unbedingt den Verstand außer Acht. Die physikalischen Gegebenheiten auf der Welt, auf der Erde, in der Fünften Dimension, sind ganz andere wie bisher. Darum bringen dir alte Erfahrungswerte herzlich wenig. Sie würden dich unnötig einschränken, wo dir nun alle Tore offenstehen.

Menschen oder Gegebenheiten, die früher Gefahr für dich bedeuteten, sind heute neue Chancen für dich, dich zu entwickeln und deine neu aufblühenden Fähigkeiten auszuschöpfen. Du hast die Chance, etwas völlig Neues auszuprobieren. Verschließe dich nicht voreilig vor dieser Chance, aus alten Ängsten heraus. Das heißt nicht, alle Warnungen blind in den Wind zu schlagen, sondern immer die objektive Wahrheit zu befragen.

Wenn es hilfreich für dich ist, kannst du dir hierbei auch das Herz des Universums visualisieren, aus dem die objektive Wahrheit spricht. Aber diese ist in Wahrheit nicht weit weg von dir. Du kannst sie genauso in deinem Inneren finden, da du das ganze Universum in deinem Inneren findest. Es ist in dir. Wie im Innen, so im Außen; wie im Außen, so im Innen. Du kannst in dich hineinschauen und das gleiche erblicken wie im Sternenhimmel, denn alles ist eins. Übe dies ruhig durch Visualisierung, bis du es wirklich fühlst.

Du bist Teil des Universums, du kannst das Universum außerhalb von dir sehen – groß, weit um dich herum. Du kannst das Gleiche erblicken, wenn du in dich hineinschaust. Die gleiche unendliche Weite ist in dir, mit Allem-was-ist. Du bist gleichzeitig im Innen wie im Außen, denn du bist das Innen und das Außen zur gleichen Zeit. Weil du alles bist, was ist, jemals war und sein wird. Alle Wahrheit ist in dir, und alles, was du scheinbar außerhalb von dir selbst wahrnimmst, ist nur eine Illusion.

Noch einmal: Du bist Alles-was-ist. Alle anderen, alles andere, was dir begegnet, sind Teile deiner selbst. Teile, die *du* geschaffen hast, um auf der Bühne des Lebens ein Spiel zu ermöglichen. Um ein Stück zu spielen mit scheinbar vielen Beteiligten, Personen, Begebenheiten, in neuen Situationen, zu unterschiedlichen Zeiten, in unterschiedlichen Kulturen. Mit unterschiedlichen Wetter- und anderen Naturbedingungen, alles erschaffen, um dir das Spiel des Lebens zu ermöglichen. Die Summe aller Seelenerfahrungen aller Beteiligten bist *du*. Nichts geschieht außerhalb oder entfernt von dir. Nichts geschieht, was dich nichts angeht oder woran du nicht beteiligt bist. Denn all das bist *du*. Es gibt keinen Vater Herrgott im Himmel, weit weg von dir. Er ist **in** dir, wenn du ihn so bezeichnen möchtest.

Worte sind hier nicht wichtig. Wichtig ist, was hinter den Worten steht, und wie du sie fühlst. Von daher drücke Gegebenheiten immer so aus, dass du dich mit den Begriffen wohlfühlst. Es ist nicht wichtig, welche Begriffe andere verwenden. Es muss für dich stimmig sein, dann stimmt es auch für die anderen. Interessant sind die scheinbaren Gegensätze, die zwischen dir und den sogenannten anderen sind. All dies wurde von Gott geschaffen, von *dir* als einem Seelenfunken, einem Licht Gottes, um das Leben und seine Entwicklungen interessant zu gestalten und Erfahrungen zu ermöglichen.

Dein Herz hat all das mitgemacht. So, wie die Summe aller Herzen. In deiner gegenwärtigen Form bist du nicht in der Lage, all dies gleichzeitig wahrzunehmen. Daher ist es notwendig, dein individuelles Herz zu betrachten. Konzentriere dich auf deine Form, um an einen Punkt zu kommen, der es dir erlaubt, Informationen zu erlangen, die dich in diesem Moment bewegen und den weiteren Verlauf deiner Entscheidungen beeinflussen. Du allein entscheidest, was passiert. Entscheidest du dich für rechts, geht dein Leben nach rechts, entscheidest du dich für links, geht es nach links. Die Frage ist, ob du dir der Macht, die du hast, und deiner Schöpferkraft, die du zu jedem Zeitpunkt deines Lebens ausübst, bewusst bist. Diese Kraft wirkt jederzeit in alle Richtungen. Daher ist es wichtig, dass du deine Gedanken und Gefühle so kontrollierst, dass du versuchst, deinen Bewusstseinsstand hochzuhalten, wach zu sein. Komm heraus aus dem Traum, den du Leben nennst. Gib dich nicht der sogenannten Maya hin, der Täuschung und Illusion, die du einmal gewählt hattest. Nutze nun dein volles Potenzial, um die Erde und alles, was sie ausmacht und ist, mitzugestalten.

Hierbei gehe ich davon aus, dass deine Motivation die allerbeste ist, dass du zum höchsten und besten Wohl von Allemwas-ist strebst. In der Neuen Zeit spielt Macht in dem Sinn keine Rolle mehr, wie sie bisher ausgeübt wurde. Machtstreben als egoistisches Leitmotiv hat ausgedient. Das Individuum hat verstanden, dass das Äußere nur scheinbar ist und eine Bereicherung im Sinne von Reichtum anzuhäufen und Kontrolle über andere auszuüben jeglicher Wahrheit entbehrt. Diese Art von Bereicherung könnte man als höchsten Ausdruck der großen Täuschung bezeichnen. Wahre Bereicherung findest du in deinem Inneren, einen Reichtum, den man durch materielle Güter niemals erreichen kann. Tatsächlich wirst du dich besonders reich fühlen, wenn du nicht im materiellen Überfluss lebst, sondern mit anderen teilen kannst und in Freude die Verbundenheit mit ihnen lebst. Es wird dir an nichts mangeln, niemandem. Denn Mangel gehört zur großen Täuschung – Maya. Für jeden ist genug da. Ihr seid alle im Gefühl der Liebe miteinander verbunden, die aus eurem Herzen kommt. Das ist die höchste Wahrheit.

Nun höre auf deine individuelle Wahrheit, die auf deinen Erfahrungen beruht:
Warnt dich dein Herz? Können dir andere gefährlich werden? Kannst du anderen gefährlich werden? Wo lauern die Gefahren?
Vergleiche all die Antworten, die aus deinem individuellen Herzen kommen, mit der höchsten Wahrheit, die aus dem universellen Herzen kommt und dir Objektivität bietet.
Dir bleibt immer die freie Wahl. Du bist noch nicht fertig mit deinem individuellen Leben, mit den Erfahrungen, die es dir bringen wird. So kannst du noch herumspielen, hinfallen – sooft, wie es dir passt – und mit aufgeschlagenen Knien wieder aufstehen und weiterhumpeln. Es liegt bei dir, ob du jammern willst, dich beklagen über die Widrigkeiten, über die schwierigen Lebensumstände, in die du gerätst, die schrecklichen Menschen, denen du begegnest…, oder ob du wieder einen Schritt mental zurücktrittst, einen Gang zurückschaltest und dich zurückbesinnst auf deine Unerfahrenheit und Unschuld und der objektiven Wahrheit eine Chance lässt.

Erlaube dir, in den anderen hineinzuschauen: Was geht in ihm vor? Was bewegt ihn, das zu tun, was er tut, oder dir so zu begegnen, wie er dir begegnet? Was sagt dir dein Herz? Ist er wirklich der Feind, ist er gefährlich, gemein, brutal, böse, von oben herab, dominant, aggressiv? Will er dich unterdrücken? Woher kommen alle diese Eindrücke, die Schmerzen, an die dein Herz dich erinnert? Was ist dir geschehen in diesem Leben, was ist die Geschichte deines Herzens? Was musste es mit dir in deinem Leben miterleben? Gab es viele dramatische oder schwierige Situationen? Was ist deine Geschichte?

Würdige deine Geschichte. Erinnere dich, lass die Gefühle, die in dir hochkommen, auf dich wirken, lass sie vorbeiziehen, gehe immer weiter zurück ... und komme dann wieder mental an den Punkt in deinem Leben, an dem du jetzt bist. Nun hast du dir deine ganze Geschichte noch einmal angesehen. Würdige sie. Hab Mitgefühl mit ihr. Umarme dich selbst. Würdige alle diese schlimmen Momente und sage: „Ja, das ist mir passiert. All das ist geschehen. Ja."

Dann mache dir bewusst, dass es eine Geschichte ist, wie ein Märchen, ein Schauerstück, das man Kindern zur Abschreckung vorliest. Bist das du? Ist das alles, was dich ausmacht? Oder bist du in Wirklichkeit ein höheres Wesen, ein Geistwesen, eine unsterbliche Seele, die eins von vielen, vielen Leben nun gelebt hat? Mit dieser einen Geschichte. Mit einer von vielen Geschichten. Du hast schon viele erlebt... Bist du nun alle diese Geschichten? Alle diese Geschichten zusammen, bist das du? Es würde viele Jahre dauern, all die schlimmen Erfahrungen aufzuzählen, die du gemacht hast. Und das bist jetzt du? Das ist die Basis deiner Entscheidungen, die du nun fällst? Resultieren daraus nun die Gefühle, die du jetzt und hier hast? Willst du das sein? Oder bist du in Wirklichkeit frei? Kannst du nicht alle diese Geschichten in Würdigung hinter dir lassen, abstreifen wie einen alten Mantel, so, wie du alle deine früheren Leben abgestreift hast? Warum sollte dich ausgerechnet dein jetziges Leben so gefangen nehmen? Warum sollten diese Erfahrungen wichtiger sein als die Erfahrungen, die du schon früher gemacht und in früheren Leben zurückgelassen, hinter dir gelassen hast?

Du kannst genauso gut hier und jetzt ein neues Leben anfangen. Ein Leben, das *hier* beginnt, mit einem neuen, frischen, reinen Herzen, in Unschuld und Unerfahrenheit. Als ein Wesen, das Entscheidungen fällt aufgrund der objektiven Wahrheit, die das universelle Herz ihm offenbart. Die Wahl liegt bei dir. Dass du diese Wahl hast, beweist schon, dass du ein freies Wesen bist. Wenn du dir bewusst machst, dass du unsterblich bist, ein Teil der Unendlichkeit, sollte es für dich einleuchtend sein, wie lächerlich alle Versuche aussehen müssen, Schmerzen oder Tod zu vermeiden.

Der Tod ist eine der Spielregeln, die du eingeführt hast, um deine Seelenerfahrungen interessanter zu machen. Immer ein- und dasselbe Leben weiterzuführen, wäre viel zu uninteressant, um so Äonen zu verbringen. Dagegen verschiedene Leben zu führen – in verschiedenen Zeiten, Kulturen, als Mitglied verschiedener Rassen, als Mann und Frau –, das ist interessant. Und nun bist du im Hier und Jetzt, in dieser Zeit, in dieser Dimension, an der Schwelle des Aufstiegs der Erde. Weil du dich entschieden hast, teilzuhaben an dieser ganz neuen Entwicklung der Evolution. Du gehörst zu den Seelen, die der gesamten Menschheit helfen, in einen Lichtkreis aufzusteigen, der ganz andere Möglichkeiten bereithält, der es euch möglich macht, eine Schöpferkraft zu leben, wie es bisher einem gewöhnlichen Sterblichen nicht möglich war.

Bis vor kurzem gab es nur einige wenige Wesen, die sich aus einer Kultur hervortaten – durch ihre besonderen Fähigkeiten, durch ihr besonderes inneres Wissen. Nur wenige konnten hellsehen, Gedanken lesen und Kräfte ausüben wie Heilkräfte und seherische Kräfte. Mit der Geistigen Welt zu kommunizieren war lange Zeit nur wenigen möglich. Und das oft nur unter Zuhilfenahme bestimmter Substanzen.

Siehst du nun, wie radikal sich die Welt bereits jetzt verändert hat? In der Neuen Welt ist jedem all das zugänglich. Es gibt keine Geheimnisse mehr. Die Wege und Tore in die Geistige Welt sind offen. Die Menschen leben Schöpferkraft in einer Form, wie es bis vor kurzem nicht möglich war. Du brauchst nicht mehr lange zu warten, bis sich die Konsequenzen aus deinen Gedanken und Taten zeigen. Du wirst direkt mit diesen Konsequenzen leben müssen oder können. Je nachdem, wie du sie nutzt. Es gibt keine Geheimgesellschaften mehr. Vielleicht glauben manche immer noch, sie würden einer angehören. Aber tatsächlich gibt es kein geheimes Wissen mehr. Über diese Dinge brauchst du dir keine Sorgen zu machen. Dir ist **alles** frei zugänglich, so, wie jedem anderen auch. Das heißt trotzdem nicht, dass jeder das Gleiche weiß oder die gleichen Kräfte ausübt. Die individuelle Wahl sieht so aus, **dass** sich jeder seinen Platz sucht, eine Position einnimmt, auf einer Ebene Positionen bekleidet, wie es für ihn passt und es seinem Erwachungsstatus oder Bewusstseinsstand entspricht. Hier gibt es keine Wertigkeit. Wichtig ist zu wissen, dass jeder Einzelne heilige Arbeit verrichtet, sofern er sich nach bestem Wissen und Gewissen am höchsten Wohl orientiert. Das wird sich nach und nach von alleine ergeben, in gleichem Maß, wie das sinnlose Machtstreben aus dem Bewusstsein der Menschen verschwinden wird.

Jeder ist ein Teil der großen Energie. Das universelle Herz schlägt wie in einem einzigen großen Körper mit dem Puls des Universums, so, wie in jedem kleinen Körper. Ob Tier oder Mensch. Jeder ist ein Teil des Großen Ganzen. Auch jedes Tier hat eine Daseinsberechtigung, und in ihm schlägt ein Herz, gibt es eine Seele und Gefühle. Der Bewusstseinsstand ist heute im Allgemeinen bei Menschen noch am höchsten entwickelt. Doch gibt es zwischen einigen Tieren und Menschen nur zwei Stufen Unterschied in der Höhe des Bewusstseins. Das im Vergleich zu 25 Bewusstseinsstufen, die wir auf der Erde unterscheiden können. Jedes Lebewesen hat ein Recht, ohne Qual zu leben. Die Menschen haben genauso wenig ein Recht, Tiere zu unterdrücken, wie sie kein Recht haben, andere Menschen zu unterdrücken. Mache dir also bewusst, wie Tiere der Menschheit dienen, in Freude bei ihnen sind und ihre Körperkraft zur Verfügung stellen, indem sie zum Beispiel bei der Feldarbeit helfen, ihre Wachdienste zur Verfügung stellen, den Menschen Sicherheit geben und, vor allem anderen, ihr Herz öffnen und den Menschen Freundschaft und Treue vorleben, wie sie es lange Zeit selbst nicht vermochten.

Es gab und gibt aber immer mehr Menschen, zu denen die bedingungslose Liebe, die die Tiere ausstrahlen, durchdringt, und die mit ihnen gelernt haben und gewachsen sind und eine entsprechende Fürsorge für sie übernommen haben. Es ist eine gute Übung und sehr leicht, mit der Liebe eines Tieres in Resonanz zu gehen. Denn die Tiere haben es nicht gelernt, Barrieren um ihr Herz zu errichten, sich abzuschotten, zu verbittern und in den Glauben zu geraten, dass sie alleine am besten klarkommen, da alle anderen ihnen doch nur Böses wollen, so, wie es bei einigen Menschen der Fall ist. Ein Tier wird dir immer wahrhaftig begegnen und es dir erleichtern, die objektive Wahrheit zu erkennen. Verbinde dich also so oft und so tief wie möglich mit dem Herzen eines Tieres. Zwinge dich nicht auf, öffne dich einfach, und du wirst sehr leicht die Resonanz spüren, weil, wie gesagt, die Tiere keine künstlichen Barrikaden und Blockaden errichtet haben. Sie leben im Hier und Jetzt. Haben sie auch schlechte Erfahrungen gemacht, so kannst du immer wieder erleben, dass sie sich dir doch mit ihrem Herzen öffnen, wenn sie deine Liebe spüren und ihr und dein Herz in Resonanz gehen.

Bei einem Menschen kann es manchmal schwieriger sein, durch den Schutzmantel zu dringen, den er um sein Herz errichtet hat. Manchmal scheint es unmöglich, durchzukommen. Manch einer hat ganz vergessen, dass er überhaupt ein inneres Selbst besitzt. Aus lauter Angst vor Verletzung und Kränkung. Hier hilft nur beständige Liebe. Ein beständiges Angebot im Dasein. Du kannst und sollst nicht eindringen in den anderen, sondern einfach dein Herz abwartend in liebevoller Haltung öffnen. Ist das deine Lebenseinstellung und ständige Haltung, spürst du gewiss, dass du viele wunderbare Begegnungen und Kontakte in deinem Leben haben wirst. Dein Angebot steht. Ob der andere es annimmt, liegt natürlich bei ihm.

Aber vergessen wir nicht: Im Grunde genommen sind wir alle eins. Das gilt für die Lebewesen in der physischen Welt genauso, wie für die Lebewesen aus der Geistigen Welt: Wir sind alle eins. Sei dir also bewusst, dass dir deine geistigen Helfer immer zur Seite stehen. Wenn sie auch kein physisches Herz besitzen, ist doch ihr energetisches Herz ständig für dich geöffnet. Wenn du dich traust und dir zutraust, dein Herz zu öffnen, deinen Blick zu öffnen für deinen geistigen Führer oder deine Schutzengel, wirst du sofort in wärmender Liebe ihre Resonanz in dir spüren. Hab Mut, riskiere es! Du hast nichts zu verlieren als deine schlechten alten Erfahrungen und deine Ängste, wieder solche zu machen. Die höchste Schwingung im Universum ist die Liebe. Und du bist Liebe. Erinnere dich daran, dass du alles bist, was ist. Alles ist Liebe. Du musst dich nur daran erinnern.

3. Die Abenteuer der Seele

Yoganandas Herz ist heute traurig. Seine Botschaft wird nicht von allen so verstanden, wie er sie in diesem Moment und in diesem Raum gerne überbringen möchte. Sie soll zum Wohl der Menschen in die Welt weitergetragen werden. Wie immer und sehr häufig – auch noch in unserer Zeit – steht dem oft das Ego entgegen. Eine Verfestigung des Menschen, der sich an all die Strukturen gewöhnt hat und es noch nicht vermag, sich dem Aufstieg hinzugeben. Lasst euch bitte nicht verwirren und von dem abhalten, was euch wohltut. Fühlt in eurem Herzen eure Wahrheit und folgt nur dieser. Es ist nicht wichtig, was andere sagen oder ich sage. Wichtig ist nur das, was jeder Einzelne fühlt, was *du* in deinem Herzen fühlst. Lass dich von den schlechten Erfahrungen anderer nicht beeinflussen. Wenn du fühlst, dass du von deinen eigenen schlechten Erfahrungen abgehalten wirst, die Wahrheit hinter den Worten zu fühlen, so bereinige es und kümmere dich um dich selbst. Grabe immer tiefer, bis du wirklich in deinen Keller hineinsiehst. Traue dich hinunterzugehen, die Wendeltreppe deines Herzens hinunterzuschreiten und zu schauen, was du dort findest. Welche alten Geschichten liegen dort?

Das letzte Mal habe ich euch in dem Kapitel über das Herz schon einiges dazu berichtet. Das ist eine Aufgabe, die andauert. Sie ist nicht heute zu Ende, mit diesem Tag, und auch nicht morgen, sondern sie wird dich eine ganze Inkarnation hindurch erfüllen und jeden Tag eine neue Herausforderung für dich bilden. Und das ist auch gut so. Denn es gehört zum Lebensweg, seine Seele zu erforschen, hineinzuschauen in alle Teile deines Seins, sei es nun in dieser Inkarnation oder im Anblick vergangener Inkarnationen. Halte dich dabei nicht mit früheren Leben auf und allem, was dort geschehen ist. Befasse dich nur mit dem, was *jetzt* in dir vorgeht.

Nun sind wir beim heutigen Thema: Die Abenteuer der Seele. Deine Seele hat bereits eine weite Reise hinter sich – durch viele Leben und Inkarnationen: auf dieser Welt, in anderen Welten und Dimensionen. Die Reise war lang, und nicht alles, was geschah, ist heute noch von Wichtigkeit und Bedeutung. Darum verschwende nicht deine Zeit mit Rückschritten, einem Rückblick in frühere Leben. Du brauchst nicht Detektiv zu spielen und zu schauen, was dir auf deinem Seelenweg bereits alles geschehen ist. Im Hier und Jetzt liegt die vollkommene Wahrheit. Alles, was dich jetzt bewegt, in diesem Moment, ist genau das, was nun angeschaut werden muss. Das, was jetzt dran ist, wird dich nun bereichern.

Traue dich, sei mutig, hole dir Hilfe und meditiere auch für dich allein. Ob du dich zu Hause hinsetzt, alleine mit einer Kerze, vielleicht mit sanfter Musik, die dir hilft, dein Herz zu öffnen, ob du dich in Gruppen begibst oder in individuellen Sitzungen beraten lässt, all das bleibt dir überlassen. Du kannst eins von alldem tun. Am besten ist es aber, alles zusammen zu tun. Jedes zu seiner Zeit. Gruppensitzungen werden dir nicht dabei helfen, dein eigenes individuelles Schicksal so zu beleuchten, dass sie dir den Einblick in dein Selbst ersetzen können. Gruppenarbeit ist flankierend, helfend und unersetzbar, weil sie dir zeigt, dass du mit Allem-was-ist und mit all deinen Mitmenschen in Liebe verbunden bist. Sie ersetzt nicht die Arbeit mit dir selbst, die du in aller Stille brauchst, wenn du mit dir alleine bist, wenn du hineinhorchst in dich, in dein Zentrum, in den Kern deines Seins. Verbinde dich möglichst täglich mit deinem Kern, vergiss die Außenwelt, sei alleine mit dir und konzentriere dich auf dein Zentrum.

Du kannst im Herzen beginnen oder im Seelenkern, im Bereich deiner Körpermitte, auf der Linie, die am Punkt kurz über deinem Bauchnabel beginnt. Stell dir nun an dieser Stelle eine horizontale Linie vor, die durch deinen Körper geht, verlängere deinen Blick bis in deine Körpermitte und fühle dein Licht. Fühle die pulsierende, niemals endende Energie, die du bist und die weit darüber hinausgeht, was dein Körper ist. Fühle dieses Pulsieren, lass dich ein auf dein Licht. Spüre, wie alles Äußere von dir abfällt, und wie dieses Licht wächst, seinen Schein durch deinen ganzen Körper ausbreitet. Wenn es diesen ganz erfüllt hat, über deine Körpergrenzen hinaus, spüre und sieh, wie dein Licht deinen ganzen Raum einnimmt. All das bis du: eine zirkulierende Energie, die einen Teil ihres selbst als Körper manifestiert hat. Diese Materie wird vergehen und sich wieder in Energie umwandeln, die Teil deiner selbst ist und bleibt. Spüre nun deine Kraft und Macht als ein Wesen der Unendlichkeit. Spüre deine Verbindung zu Allem-was-ist und zu allen, die sind – was das gleiche ist. Verbunden in einer großen Energie als Teil eines Ganzen, als Teil der Unendlichkeit. Eine heilende Kraft, die schon lange existiert und immer existieren wird.

Deine Seele hat sich abgespalten als ein Funken Energie von Allem-was-ist, um sich als individuelles Wesen zu erfahren und in diesem Sinne viele Inkarnationen in verschiedenen Wesensformen zu durchlaufen. Sei ohne Furcht. Wärme ist immer mit dir. Liebe, die dich umhüllt. Du wirst immer beschützt sein, deine Helfer und Beschützer sind bei dir. Höre einfach auf deine innere Führung, bitte um Hilfe, und sie ist immer da. Sei gewiss, dass niemand ungefragt in dein Leben eingreifen wird, denn du bist der Meister deines Lebens. Wenn dir etwas geschieht, was du nicht wünschst, jammere also nicht darüber, dass es so ist oder warum Gott dir das angetan hat oder zulässt, sondern frage dich immer, ob du offen bist für Veränderung und die Hilfe, die jederzeit auf dich wartet.

Hörst du wirklich die Zeichen? Möchtest du eine Anleitung oder lieber deinem Ego folgen und überlässt deinem Verstand die Kontrolle über deine Geschicke? All das ist deine Wahl. Wählst du die Hingabe, wird auch immer Hilfe da sein für dich. Das heißt nicht, dass die Ergebnisse erzielt werden, wie du sie dir im Jetzt vorstellst. Öffne dich also für Möglichkeiten, die du dir nicht vorstellen kannst, die über deinen Horizont hinausgehen, vor allem weit darüber hinausgehen, was der Verstand sich ausdenken könnte. Gehe dabei immer wieder zurück in dein Herz, was es fühlt, wie es mit bestimmten Ideen oder Begebenheiten in Resonanz geht, und bleibe im Bewusstsein, dass du eine unsterbliche Seele bist, der auf dieser Welt nichts geschehen kann.

Menschen sterben und verschwinden, sie leiden. Oft fragst du dich, warum das so sein muss. All dies ist Teil des großen Spiels des Lebens, zu dem sich alle Seelen, die hier inkarniert sind, entschlossen haben. Du hast dich zu diesem Leben entschieden, diese Person zu sein, die du nun bist, mit den entsprechenden Gegebenheiten, dem Umfeld, und du hast mit den wichtigsten Menschen in deinem Leben Seelenabsprachen getroffen. Ihr spielt bestimmte Rollen füreinander – auf der großen Bühne des Lebens, wo ihr euch entschieden habt, gerade dieses Stück aufzuführen. Es kann also hilfreich sein, sich manchmal als Zuschauer in den Zuschauerraum zurückzuziehen und aus der Dunkelheit heraus auf die Bühne zu schauen, die hell erleuchtet ist. Welches Stück wird dort aufgeführt? Was wird gezeigt? Welche Schauspieler sind da, und welches Stück spielen sie? Und was sagt dir das alles? Was hat das mit dir zu tun? Bist du Teil dessen? Was soll hier gezeigt werden und zu welchem Zweck? Welche Lernaufgaben hast du dir vorgenommen? Welche Erfahrungen möchte deine Seele auf ihrem Weg noch machen?

Nimm die Erfahrungen an, wie sie sind. Durch Sträuben und Ausweichen verlängerst du nur deinen Weg. Du kannst deine Erfahrungen in der Form steuern, dass du den unerwünschten Erfahrungen nicht ausweichst oder mit deinem Schicksal haderst, sondern sie annimmst und entsprechend deiner Resonanz untersuchst. Noch einmal: Was hat das alles mit dir zu tun? Warum geschieht dir das? Warum begegnen dir bestimmte Menschen? Warum geschehen bestimmte Dinge? Erforsche, ob du immer wieder die gleichen Muster durchmachst, die in diesem Leben vielleicht noch gelöst werden wollen. Machst du zum Beispiel die Erfahrung, dass du immer wieder von Menschen verlassen wirst, dann frage dich, ob dieses Muster in deinem Unterbewusstsein abgespeichert ist und du den Wunsch hast, immer und immer wieder die gleichen Erfahrungen zu machen und immer wieder in der gleichen Art und Weise zu reagieren. Oder ob du dich entschließt, dieses Muster in deinem Un-

49

terbewusstsein zu lösen, gehenzulassen, bestimmte Menschen gehenzulassen, um entsprechend neue Erfahrungen machen zu können. Das ist deine Wahl, deinem Wunsch folgend. Vielleicht bestehen manche Muster schon seit früheren Leben, also kann es Sinn machen, hier noch weiter zurückzugehen. Vielleicht wirst du hierbei Hilfe brauchen. Erinnere dich daran, dass ihr alle miteinander verbunden seid und euch gegenseitig helfen könnt. Diese Energiemuster kannst du in der Vergangenheit lösen, sodass sich etwas ganz Neues aus der Vergangenheit in die Gegenwart ziehen kann, dass sich ein neuer Faden aufrollt und Dinge, die geklärt, Erfahrungen, die gemacht worden sind, nun gehen können. Bedanke dich dafür, dass dies möglich war, dass du diese Erfahrungen in deine Seelenerfahrungen integrieren konntest, und dafür, dass deine Wünsche somit erfüllt wurden.

Ist dieser Prozess abgeschlossen, kannst du nun deinen Horizont erweitern, die Augen öffnen und einen neuen, erweiterten Weg vor dir sehen, den du beschreiten kannst. Lass dich dabei nicht von anderen beirren, deren Stimmen bei dir keine Resonanz der Wahrheit erzeugen. Dann gehe einfach einen anderen Weg und lass sie sein. Ein jeder hat *seinen* Weg und *seine* Wahrheit. Orientiere dich immer an der höchsten Wahrheit, die nichts weiter besagt, als dass all dies letzten Endes von keinerlei Wichtigkeit ist. Es hat keinen Einfluss auf die Unendlichkeit und deine unsterbliche Seele. Alles, was du zulässt, was nun Einfluss hat auf deine Inkarnation im Hier und Jetzt, ist deine eigene Wahrheit – ein Teil des Theaterstücks des Lebens. Hab Spaß dabei, freue dich an allem, was passiert, lache über dich selbst und über die anderen, nimm nicht alles so ernst. Erinnere dich daran, dass, mag es auch manchmal noch so bitterböse aussehen, alles ein Spiel ist. Wie viel Dramatik dieses Spiel haben soll, liegt bei dir, denn es ist dein Spiel. Entscheidest du dich, dass du bezüglich bestimmter Personen oder Momente genug Dramatik erlebt hast und es für dich und deinen weiteren Seelenweg hinderlich wäre, diesen Weg weiterzugehen, so lass sie einfach ziehen und freue dich auf neue Erfahrungen.

Verbinde dich nicht mit dem Leid der Welt. Denn alles Leid, was jetzt noch besteht, ist freie Wahl. Das mag zynisch klingen, aber erinnern wir uns bitte daran, dass sich Seelen immer mit einem bestimmten Zweck eine Inkarnation wählen. In einer bestimmten Kultur, in einem bestimmten Land, unter bestimmten Umständen. Segne die Seelen, die es jetzt schwer haben. Begleite sie mit deinem Mitgefühl, aber identifiziere dich nicht mit ihnen. Hilf, wenn Aufgaben auf dich zukommen. Sei da, sei wach. Aber laufe den Aufgaben nicht hinterher. Hindere andere Seelen nicht daran, die Erfahrungen zu machen, die sie gewünscht haben.

Im Moment, der Übergangsphase in die Neue Zeit, gibt es noch ein großes Aufbäumen auf der Welt. Du kannst es nicht verhindern. Indem du dich dem entgegenstellst, stellst du dich nur gegen den Strom des Lebens und blockierst diejenigen, die sich für eine bestimmte Sache zur Verfügung gestellt haben. Alle Erdbeben, die jetzt noch geschehen, schreckliche Wellen, die mit einem Aufschrei durch alle inkarnierten Seelen gehen, haben ihren Zweck. Lass nicht zu, dass dein Ego das Kommando übernimmt und versucht, andere zu retten. Rette dich selbst, sei du selbst, sei in dir, bei dir, nimm deinen Raum ein, sei die höchste Schwingung, die dir möglich ist. Versuche, diesen Bewusstseinsstand zu halten, und du wirst einen ständigen Strom der Heilung aussenden, der nicht nur deinen Nächsten erreicht, sondern sich in einem großen Radius wie eine Kaskade immer weiter von dir fortbewegt und von ganz alleine hilft, die Welt zu heilen.

Mit deiner Kraft sendest du Segen zu Allem-was-ist. Ruhig zu sitzen und in deiner Kraft zu sein gibt der Welt mehr als blinder Aktivismus und übertriebene Fürsorge für andere, die deiner Fürsorge nicht bedürfen. Nimm ihnen nicht den freien Willen, nimm ihnen nicht die Erfahrung. Lass sie sein. Zwinge sie nicht, sich gegen dich auflehnen zu müssen. Nimm die Gegebenheiten so hin, wie sie sind.

Noch einmal: Das ist keine Gleichgültigkeit! Dein Mitgefühl, deine Liebe sind eine große Kraft, die du der Welt schenkst. Die höchste Schwingung, die höchste Heilkraft geht von der Liebe aus. Hast du etwas zu verschenken, so gib es mit freien Händen. Aber zwinge niemanden, es anzunehmen, weil du es besser weißt und für andere sorgen möchtest. Jeder hat ein Recht auf sein eigenes Leben, auf seine eigenen Fehler. Mache dir hierbei klar, dass diese sogenannten Fehler deiner Ansicht entspringen und ein Urteil deinerseits sind. Ein Urteil, das andere schwächen kann. Am meisten hilfst du den anderen, wenn du urteilsfrei bleibst und sie so nimmst, wie sie sind, egal, wie dramatisch ihre Situation für dich aussehen mag. Versuchst du sie herauszureißen aus ihrem scheinbaren Elend, so mache dir klar, dass dein Ego Gott spielen will. Lass dich nicht hiervon leiten, sondern akzeptiere, toleriere und liebe das Selbst eines jeden so, wie es ist und wie es gewählt wurde.

Besonders tragisch erscheint es den Menschen oft, wenn Kinder zu leiden haben oder sogar sterben müssen. Vergiss nicht, all das ist nur Schein. Niemand stirbt wirklich, und all dieses Leid ist selbst gewählt. Jede Seele hat sich zur Verfügung gestellt, in einer entsprechenden Inkarnation eine entsprechende Rolle zu spielen. Das ist ein Abenteuer, und Abenteuer enden oft dramatisch. Alle Tränen, aller Schmerz, jedes Türeknallen, jede schmerzvolle Erfahrung, Krankheiten, Unfälle, Todesfälle – all dies gehört zur Aufführung. Erinnere dich daran: Du spielst das Spiel des Lebens. Du kannst getrost vertrauen: auf Gott, auf Alles-was-ist, auf die Unendlichkeit und Unsterblichkeit deiner Seele, die damit verbunden ist.

Mache dir klar, dass das Leben, das individuelle Leben, erst interessant und spannend wird – so war es bisher – durch ein bisschen Dramatik. Sicher hast du auch schon erlebt und dir klar gemacht, dass viel von dem Stress, den du erlebst, von dir selbst künstlich produziert wird. Du setzt dich dem aus, um das Leben interessanter zu gestalten. Allein das alltägliche Thema Pünktlichkeit: welcher Stress, welche Hetze! Was erlebst du alles, um irgendwo pünktlich anzukommen? Und jedes Mal diese Zufriedenheit, wenn du es gerade noch in letzter Minute geschafft hast. Das war wieder ein kleines Abenteuer. Was geschah dir alles auf dem Weg? Du bist zu schnell gefahren, bist umhergehetzt, immer die Uhr im Auge, und hast dabei noch dieses und jenes gleichzeitig erledigt, vielleicht noch diesen oder jenen angeschrien, der dir im Weg war, um dein Ziel pünktlich zu erreichen. Letztlich bist du da, wo du sein wolltest. Vielleicht gerade noch rechtzeitig. Uff, geschafft. Zufriedenheit. Vielleicht ein bisschen zu spät. Uh, nächstes Mal wird es besser. Und wieder schaffen wir uns ein neues Abenteuer. Das sind die kleinen täglichen Dinge, die das Leben in ihrer Dramatik würzen. Die schlimmeren Ereignisse gehören genauso dazu. Mache dir klar, dass alles nur ein Spiel ist, das du gewählt hast, um ein Abenteuer zu erleben.

Tatsächlich ist die Erde nun an einem Punkt angelangt, an dem es nicht mehr nötig wäre, eine individuelle Schmerzerfahrung der ganzen Erderfahrung hinzuzufügen. Mache dir klar, dass die, die noch leiden, mit den Abenteuern, die sich ihre Seele vorgenommen hat, einfach noch nicht ganz fertig sind. Solltest du für dich feststellen, dass du all das nicht mehr möchtest, dass du wachsen und dich in einem Bewusstseinszustand halten möchtest, den man als wach bezeichnen kann, musst du dich nur noch entscheiden. Die Hinweise, Zeichen und Hilfen werden da sein, und du kannst alles in dir lösen. Du wirst begleitet.

Verbinde dich mit deinem Höheren Selbst, spüre dein Herz, nimm deinen Raum ein. Hilf dir dabei, indem du in deinen Kern gehst, zuschaust, wie dein Licht über deinen Körper hinauswächst und deinen Raum einnimmt. Lass deine Schutzengel, deine geistige Führung, deine Helfer, wie auch immer du sie nennen magst, für dich da sein. So, wie sie sich dir zur Verfügung gestellt haben, sind sie da.

Deine geistige Führung kann mit der Zeit wechseln. Wenn du bestimmte Phasen durchlaufen, abgeschlossen hast und neue beginnst, kann es hier eine Ablösung geben. Lass auch dieses zu. Halte nicht an dem Alten fest. Alles, was du empfängst, hat seine Richtigkeit, wenn du die Wahrheit und Wahrhaftigkeit in dir spürst. Deine geistigen Helfer wachsen mit dir, ihr seid in ständiger Interaktion. Auch ihre Fähigkeiten wachsen in dem Maße, wie du dich ihnen öffnest und sie an deinen Bewusstseinsveränderungen teilhaben lässt und sie diese Freude mit dir teilen können. Sie reichen dir ihre helfende Hand. Mit den Erfolgen, die ihr zusammen feiert, können auch sie in der Geistigen Welt weitergehen. Auf dich können dann unter Umständen andere geistige Helfer warten, die bereits länger in diesem Helferstatus sind. Ihr wachst miteinander in dem Maße, wie du dich ihnen öffnest und vertraust.

Oft möchte das Ego die Kontrolle behalten, der Verstand redet ohne Unterlass, sodass es schwer sein kann, mit deinem Gefühl in Verbindung zu bleiben. Mache dir das bewusst, danke all deinen Anteilen und gib ihnen ihre Aufgaben. Du brauchst dich nicht von ihnen leiten zu lassen. Jeder Anteil in dir hat seine Zeit und seine Funktion. Ausschlaggebend für deinen Seelenweg ist allein dein Gefühl, das Richtige zu tun. Es gibt vieles, was dir begegnet und interessant erscheint. Aber wenn etwas auftaucht in deinem Leben, bei dem du das Gefühl hast: „Das ist es! Darauf habe ich gewartet. Und genau dies begegnet mir nun genau an diesem Punkt in meinem Leben, weil es mir dient für meine Öffnung für Glück und Freude, weil ich Wahrhaftigkeit spüre. Es verbindet mich mit Allem-was-ist, in meinem Wachstum zur Einheit mit Allem-was-ist", dann ist es das. Dann ist es dein Weg.

Sei in Liebe und Dankbarkeit für das, was du bist und was sich dir bietet. Segne die Menschen um dich herum. Tun sie dir Gutes oder scheinbar auch Schlechtes, erinnere dich daran, dass sie dir dienen. Jeder hat im Spiel des Lebens seine Rolle übernommen. Jemand, der dir scheinbar etwas Schlechtes tut, zeigt dir vielleicht einen Spiegel. Untersuche also, ob Funken dieses Schlechten auch in dir zu finden sind. Würdige es dann. Übe dich in Einsicht, und dann lass es los. Erlaube dir eine neue Erfahrung. Eine andere Ausformung deines Seins. Oder jemand gibt dir die Gelegenheit, durch sein Handeln oder seine Form, dir zu begegnen, eine Erfahrung zu machen, die dich bereichert. Wenn du das Gefühl hast, es ist genug, so danke diesem Menschen innerlich, segne ihn, das heißt, wünsche ihm das Beste zum höchsten und besten Wohl. Und dann lass ihn gehen. Nur weil eine Beziehung in deinem Leben bestanden hat, heißt das nicht, dass sie für immer wertvoll bleiben wird. Zentriere dich einfach in dir selbst. Sei du, verbinde dich mit der höchsten Kraft, und du wirst spüren, was im Moment für dich das Richtige ist.

Genauso wenig, wie du andere zwingen solltest, solltest du dich nicht von anderen zwingen lassen, bestimmte Rollen in ihrem Leben zu spielen. Fühlst du, dass eine Rolle dir nicht mehr entspricht, sage dir einfach: „Ich stehe nicht mehr zur Verfügung", und löse dich. Löse die energetischen Angelhaken, die andere in dich geschlagen haben. Diese Beziehung hat vielleicht ihren Zweck erfüllt. Sobald du in der Erkenntnis bist, dass sie dir nicht mehr guttut, löse sanft den Haken, schließe deine Wunden und lass den anderen mit deinem Segen ziehen. Du wirst feststellen, wenn du diese Praxis pflegst, dass dir manchmal Menschen, die dir schon lange nahestehen, in einer ganz anderen Form begegnen können. Sie sehen dich anders, und sie verhalten sich anders. Das heißt, es ist nicht zwangsläufig so, dass sie aus deinem Leben verschwinden werden. Sie können in deiner Nähe bleiben, und ihr könnt eine ganz neue Beziehung aufbauen. Manchmal wird es so sein, dass ihr euch voneinander entfernt. Andere Menschen werden in dein Leben treten, die dir mehr entsprechen in der Form, in der du dich jetzt präsentierst. Mit den gelösten alten Mustern in einer neuen Energie, in einer neuen Seinsebene, die du durch die Seelenerfahrung erreicht hast, die du bereits abgeschlossen hast.

Sei also offen und wach für das, was dir begegnet. Nimm jede Erfahrung als wertvoll an, aber entscheide dich bewusst, ob das eine Richtung ist, die du weitergehen möchtest, oder ob noch andere Abenteuer auf dich warten, die dich jetzt mit mehr Freude erfüllen. Sei hierbei im Vertrauen, denn dir kann nichts geschehen. Jeder scheinbare Absturz ist eine Chance im Leben. Manchmal muss alles Alte ausgelöscht werden, damit etwas ganz Neues entstehen kann. Du kannst dich wie ein Phönix aus der Asche neu erschaffen. Du kannst die Inkarnation, wie du sie bis jetzt gelebt hast, verbrennen und an einem neuen Punkt, auf einer neuen Seinsebene starten, in einer neuen Qualität in diesem Leben, das du dir für hier und jetzt gewählt hast.

Es ist nicht nötig, einen wirklichen Tod zu sterben, um in die Geistige Welt zu gehen, um sich neu zu inkarnieren, wenn du feststellst, dass nichts von dem, was du jetzt bist, dich ausmacht oder die Situation, in der du dich befindest, nicht wirklich das ist, was du willst. Dieses Leben nun zu beenden ist keine Lösung. Denn die Erkenntnis ist bereits die Lösung. Erschaffe dich in einer ganz neuen Form. Ändere alles, was dir nicht guttut, was dich belastet, dich beschwert, was dich leiden lässt. Indem du für dich selbst sorgst, sorgst du für andere.

Lass nicht Parasiten dein Leben bestimmen, sondern immer die Sorge um das höchste Wohl. Und dieses höchste Wohl ist immer gleich für dich und für Alles-was-ist. Alles, was man noch hinterfragen und abwägen kann, ist noch nicht das höchste Wohl. Das höchste Wohl besteht immer aus allumfassender Liebe. Solltest du in dir, in anderen oder in deiner Umgebung Energien spüren, die dem nicht entsprechen, so löse dich sanft davon, löse diese Dinge in dir und *liebe* diesen Prozess. Denn er ist ein Geschenk, wenn du ihn bewusst gehen kannst. Du hast alle Zeit, die du dir vornimmst.

In der Tat wird kein Leben vorzeitig von außen beendet. Die Seele entschließt sich immer selbst, zum richtigen Zeitpunkt zu gehen. Oft hat sie diesen Zeitpunkt schon vor Eintritt in diese Inkarnation bestimmt. Oft hat sie auch Stufen eingebaut, die entsprechend zum Wirken kommen, je nachdem, wann welche Erfahrungen abgeschlossen sind. Manchmal geschieht das schneller, manchmal langsamer. So ist der Zeitpunkt des Übergangs der Seele, in dem sie sich von ihrem physischen Körper löst und wieder in die Geistige Welt geht, relativ unterschiedlich möglich. Der Zeitpunkt ist zwar festgelegt, aber nicht zeitlich, sondern du hast ihn dir so gelegt, dass er zum Abschluss bestimmter Erfahrungen, die du dir für diese Inkarnation vorgenommen hast, passt.

Einige Seelen sind nur kurz auf dieser Erde. Manche kommen noch nicht einmal aus dem Mutterleib heraus, zeigen sich nur kurz, verbinden sich kurz mit dem physischen Körper, erlauben einer Mutter oder Eltern eine bestimmte Erfahrung, und dann gehen sie wieder. Manchmal werden sie für kurze Zeit geboren, erlauben sich und den umgebenden Seelenpartnern bestimmte (Beziehungs-)Erfahrungen, und dann gehen sie wieder, um neue Erfahrungen zu machen. Sie gehen neue Inkarnationen ein mit anderen Seelenpartnern oder auch mit den gleichen, in wechselnden Rollenkombinationen.

Vielleicht kennst du die Erfahrung, dass du einem Menschen zum ersten Mal begegnest, und doch kommt er dir gleich sehr vertraut vor. Ihr schwingt sozusagen auf der gleichen Ebene. Es ist gut möglich, dass ihr zur gleichen Seelenfamilie gehört und euch schon oft begegnet seid. Viele Seelen begegnen sich immer wieder durch viele, viele Leben hindurch und nehmen verschiedene Rollen füreinander ein. Ob Mutter und Kind, Mann und Frau, wobei die Geschlechter natürlich wechseln. Das Leben kann in vielen Formationen gelebt werden.

Öffne deinen Blick für alle diese Möglichkeiten und löse dich von der untersten Ebene des physischen Seins und von dem Glauben, dass diese materielle Welt dein Leben wäre. Du bist eine unsterbliche Seele, die schon viele Abenteuer bestanden hat und noch Abenteuer bestehen wird. Wenn auch in der Neuen Welt in anderer Form, mit weniger Dramatik und mehr Freude. Ich wünsche dir viel Freude und Liebe dabei. Vor allem Liebe für dich selbst, Gelassenheit und viel Verständnis und Verzeihen. Verzeihen für dich und die scheinbar anderen, die doch nichts anderes sind als ein Teil von Allem-was-ist. So wie du.

4. Indien und was uns seine Geschichte sagt

Ich habe in meiner *Autobiografie* schon viel über das Alte Indien und die alten Weisen, die *Rishis*, geschrieben. Sie haben die Weisheiten niedergeschrieben, die ihnen vor unendlich langer Zeit aus der Geistigen Welt, von Gott, gegeben wurden. Sie bewegen uns noch heute. Wir profitieren von den Wahrheiten, die sie uns hinterlassen haben. Sie haben sie uns in alter Sprache, in Sanskrit, aufgeschrieben, das wir heute noch mühevoll versuchen, zu entziffern.

Es gab viele Deutungen und Missdeutungen der alten Schriften. Die Interpretation der Inhalte wird nicht einfacher mit dem Verlauf der langen Zeit, die seit der Niederschrift vergangen ist. Die Bilder, die wir heute mit den alten Worten assoziieren, sind andere als damals. Jede Übersetzung, jede Übertragung in eine heute aktuelle Sprache kann nur mit Fehlern behaftet sein. Es ist schwierig, aus den verschiedenen Übersetzungen und Deutungen der Neuzeit die eigentliche Wahrheit herauszufiltern. Trotzdem gibt es dankenswerter Weise viele Menschen, die ihr Leben diesem Werk gewidmet haben. Auch ich habe mich sehr viel mit dem Werk der *Rishis* beschäftigt und mich bemüht, einige Weisheiten und Wahrheiten weiterzugeben. Nun, da ich in der Geistigen Welt bin, fällt es mir leichter, unbeeinflusst von meiner Inkarnation als *Yogananda,* die Werke klar und deutlich zu sehen. Sie sind wie eine Schrift am Himmel, beleuchtet von der Weisheit Gottes.

Ich möchte euch einiges von dem weitergeben, was von zentraler Bedeutung ist. Gerade jetzt, im Übergang in die Neue Zeit, an der Schwelle, an der ihr steht, an einem Punkt eurer

Entwicklung, an dem ihr jede Hilfe benötigen könnt, um euch den Übergang zu erleichtern: in die Neue Welt, in eine strahlende Welt, in der ihr zu eurem wahren Sein zurückfindet, zurück zur Einheit mit Allem-was-ist. Die Einheit zwischen euch allen, allem, was lebt, allem Unbelebten auf der Welt, der Erde, dem Universum und dem scheinbar unbelebten Raum dazwischen. All dies solltet ihr als Ganzes erfahren. Ihr seid Teil des Ganzen, Teil dessen, was man die Unendlichkeit nennt. Ja, *du*, jeder Einzelne, bist wichtig für die Entwicklung, die im Moment passiert. Darum möchte ich dich direkt ansprechen, den Gott in dir. Die unsterbliche Seele, den Funken des Universums, ohne den das Universum nicht das gleiche wäre.

Sei dir deiner Macht bewusst, spüre die Wichtigkeit deines Seins und deine Unsterblichkeit. Die Unendlichkeit deines Seins in Gemeinschaft mit Allem-was-ist. Jeder Einzelne ist untrennbar mit allem anderen, was existiert, verbunden. Ob sichtbar oder unsichtbar. Tatsächlich ist die unsichtbare Welt noch viel größer als die sichtbare. Nur ein ganz kleiner Teil kann von den menschlichen Augen erfasst werden, weil nur ein kleiner Teil des Lichtspektrums von den Augen wahrgenommen und in Verbindung mit dem Gehirn interpretiert werden kann. Von daher ist es nötig, das innere beziehungsweise Dritte Auge zu öffnen, um eine weitaus größere Sicht auf die Dinge und den Sinn allen Seins zu erhalten.

Sei dir bewusst, dass Hilfe hier und überall ist. Sie stand dir zu jeder Zeit zur Verfügung, auch wenn du dir dessen nicht bewusst warst. Du bist nie allein. In diesem Sinne gibt es auch keine Intimität. Denn du bist niemals unbeobachtet, allein gelassen oder einsam. Nur wenn du es wünschst. Hilfe kann dir nur zuteilwerden, wenn du dich dafür öffnest und dein Herz offenhältst für die Zeichen, die da sind, und deine Ohren offenhältst für die Sprache, die da kommt.

Indien erlebte eine Hochkultur, in der all dies bereits möglich war. Das ist bereits ca. 12.000 Jahre her, und niemand kann sich mehr wirklich daran erinnern, wie es damals war. Kein lebender Mensch weiß genau, wie alt die Schriften sind, die uns von den alten Zeiten und den immer und ewig geltenden Weisheiten berichten. So spreche ich nun zu dir, um dir diese alte Zeit näherzubringen.

Es gab eine Hochzivilisation, in der Liebe und Weisheit alles galten, in der die Menschen alles hatten, was sie benötigten, nichts darüber hinaus, aber auch nicht weniger. Das Materielle stand nicht im Zentrum ihres Bewusstseins. Sie beschäftigten sich mit ihrer geistigen Entwicklung und verrichteten ihr Tagwerk so, wie es nötig war, um allen ein komfortables und zufriedenes Leben zu ermöglichen. Die Menschen arbeiteten Hand in Hand, jeder nach seiner Façon, auf den Gebieten, in denen er bewandert oder fähig war. Es gab keinen Unterschied in der Wertigkeit der Arbeit. Handarbeit war genauso gefragt und gewürdigt wie die geistige Arbeit, die zum Beispiel den Menschen höhere technische Entwicklungen ermöglichte. Ja, die Welt war bereits technisiert. Es gab Konstruktionen, die den Wissenschaftlern sogar heute noch nicht bekannt sind. Aus dem einfachen Grund, weil sie sich vor den Mächten der Natur verschließen.

Verzweifelt werden Studien bemüht, die dieses und jenes beweisen sollen, was doch offensichtlich auf der Hand liegt. So blockieren sich die Wissenschaftler selbst. Etwas, was funktioniert und Nutzen bringt, erklärt sich selbst. Alle weiteren Interpretationen und Erklärungen darüber hinaus haben einen reinen Selbstzweck, der nur das Ego gewisser Menschen befriedigt. Lass dich also darauf ein, die Kräfte der Natur zu nutzen, auch wenn du nicht allwissend bist und nicht alle Zusammenhänge verstehst. Der Verstand ist sehr begrenzt. Verlasse dich hier auf dein Gefühl der Wahrheit und der Rechtschaffenheit. Sofern eine Technik funktioniert, ohne die Ressourcen zu verschwenden und anderen Lebewesen zu schaden, kannst du davon ausgehen, dass sie in Gottes Sinn funktioniert und von Gott gegeben ist, dir und allem anderen, was ist.

Es gibt zum Beispiel schon lange Energiegewinnungsmethoden, die auch in Indien vor 12.000 Jahren bekannt waren. Sie haben nichts zu tun mit Wind, Wasser, Sonne, Öl und Gas. Sie werden aus dem reinen Sein gewonnen. Du bist überall, wo du bist, von Energie umgeben. Tatsächlich bist du Energie. Aber aus dir muss nicht geschöpft werden. Es gibt eine unendliche Energie um alle Lebewesen herum, die nicht erschöpft werden kann, nicht begrenzt ist und genutzt werden kann, zum Wohl der ganzen Welt, zum Wohl von allem, sodass niemand ausgenutzt wird und die Ressourcen der Erde nicht erschöpft werden müssen. Denn wie du schon erkannt hast, ist die Erde am Ende. Es gibt viel weniger Ressourcen, als allgemein bekanntgemacht wird. Die Politiker möchten die Panik auf der Erde nicht schüren. So werden viele Dokumente geheim gehalten und nicht an die Allgemeinheit weitergegeben.

Du hast bemerkt, dass die Preise steigen, zum Beispiel für Öl, Gas und Strom. Aber all das sind nur Spielereien, die noch nicht zeigen, wie groß das wirkliche Ausmaß des Mangels ist, der bald eintreten kann. Ich sage *kann*, weil es Hoffnung gibt, dass die Techniken, die schon einigen wenigen bekannt sind, endlich für die Allgemeinheit übernommen und zum Nutzen aller eingesetzt werden, um Energie zu gewinnen und Maschinen und Apparate zu entwickeln, die mit dieser Energie funktionieren können.

Die Welt in Indien vor 12.000 Jahren war nicht so hoch technisiert mit Computern wie heute, und doch gab es alles, was die Menschen brauchten. Ohne Probleme unterhielten sie sich über große Entfernungen hinweg und tauschten sich aus. Es gab Kanalisation, Wasser stand jedem zur Verfügung, die Umwelt wurde sauber gehalten. Was also ist passiert? Warum ist das Indien, das wir aus unserer Zeit kennen, so weit heruntergekommen, dass es weitaus mehr Arme gibt, die hungern, als Reiche, denen es gut geht? Es gibt einen geringen Mittelstand, der weiter und weiter schrumpft, wie auch in anderen Kulturen der Erde. Aber selten ist die Armut so dramatisch sichtbar und das Leiden so groß, wie gerade in Indien. Was also ist geschehen, dass die Menschen ihre hochzivilisierte Welt verloren haben?

Es ist das geschehen, was in jeder Hochzivilisation, in allen Zyklen geschehen ist, die bisher auf der Welt, wie du sie kennst, abgelaufen sind. Die Menschen erreichten einen Zustand, in dem sie alles hatten. Gleichzeitig mit der Erkenntnis, dass es nicht weitergeht, dass es auch nicht weitergehen muss, schlug die Evolution um in eine Involution, einen Rückschritt. Die Menschen wurden nicht damit fertig, dass sie nun alles erreicht und keine Ziele mehr hatten. Es gab natürlich die geistige Kaste, die versuchte, den Menschen den Weg aufzuzeigen, dass es in der geistigen Entwicklung immer weitergeht und die Einheit mit

Allem-was-ist noch nicht erreicht war. Dass noch lange nicht jeder in Gott aufgegangen war, auch wenn es damals wesentlich mehr von diesen Menschen gab als heute.

Die große Mehrheit war also nicht lange zufriedenzustellen mit dem, was sie hatte. Es kam zu Perversionen, zu einem Mehr, was dann nicht mehr schöner oder besser war, sondern zu einem Rückschritt führte, zu einer Degeneration der Menschheit. Es gab einen Umschwung in der geistigen Haltung, die sich über längere Zeit auf einer hohen Bewusstseinsebene gehalten hatte. Es gab mehr und mehr Abstürze, sodass das Gruppenbewusstsein durch den Letzten in der Reihe umschlug, der den Ausschlag gab. So setzte ein Prozess des Rückschritts ein. Denn mache dir bewusst, dass du Teil eines Gruppenbewusstseins bist. Immer der Letzte in der Reihe gibt den Ausschlag, in welche Richtung es geht. Wie der Tropfen, der das Fass zu Überlaufen bringt.

Die Gesellschaft, hoch entwickelt, kultiviert und hochtechnisiert, wie sie existierte, verfiel also nach und nach. Eine Zeitlang, zwei- bis dreitausend Jahre, retteten sich noch viele hinüber, um diesen Standard zu erhalten, aber die Masse derjenigen, die zurückfielen, wurde so groß, dass auch diese Menschen ausstarben. Die neu inkarnierten Seelen konnten nicht dagegen steuern. Ausschlaggebend sind, wie gesagt, das Verhalten und die Einstellung der Masse. Tatsächlich ist das Leben auf der Erde bisher immer in diesen Zyklen (siehe *Yugas*) abgelaufen. Und es liegt heute an euch, wie es weitergehen wird.

Das ist das Beispiel, das uns Indien gibt: eine hoch kultivierte Zivilisation, zurückgefallen auf den niedrigsten Stand der Erde. Eine Kultur, die ein Beispiel war für alle anderen, denen sie bekannt war. Ein Land, aus dem die größten Kostbarkeiten in alle Welt exportiert wurden. All das ist heute kaum noch zu sehen. Wer nach Indien fährt, muss sich mit Hunger und Elend auseinandersetzen. Sicher, es gibt einige Ashrams, einige Heilige. Aber das scheint heute im Vergleich dazu, wie das Land einmal erblüht war, die Ausnahme zu sein. In diesem Sinn gibt uns Indien ein Beispiel dafür, wie der Zustand heute auf der Erde ist. An diesem Extrem sehen wir, wo die Zukunft liegt.

Alle heutigen Kulturen haben sich zu entscheiden, in welche Richtung sie sich entwickeln wollen. Orientieren wir uns also an den alten Weisheiten, die für immer und ewig wahr sind und die auch in Indien heute nur noch von wenigen beachtet werden. Doch auch hier gibt es eine Entwicklung zu beobachten, wie beim Rest der Welt, hin zu mehr Bewusstsein. Aber das Zentrum dieser Bewusstseinsentwicklung ist heute nicht mehr in Indien zu finden, sondern in Europa. Mache dir also klar, wenn du dies hörst oder liest, dass du ein Teil dieser Entwicklung bist. Ja, dass du, allein du, auch den Ausschlag geben kannst.

Was wird geschehen? Der Aufstieg der Erde in die Fünfte Dimension, die Neue Zeit, steht schon fest. Was nicht feststeht ist, wie lange dieser Prozess dauern und wie schmerzvoll er sein wird, für den einzelnen Menschen sowie für einzelne Länder und Kulturen. Ausschlaggebend für die Entwicklung wird sein, wie sich die einzelnen Religionen einander annähern und ob die Verantwortlichen der jeweiligen Institutionen, die mit bestimmten Religionen verbunden sind, erkennen, dass, wenn sie weiter gegeneinander kämpfen, sie nur mehr Leid auf der Welt erschaffen und damit nicht ihren ältesten Richtlinien entsprechen. Denn die Weisen aller Religionen haben im Endeffekt das

Gleiche gesagt: Es geht um die Einheit mit Gott, es geht darum, seinen eigenen Weg zu Gott zu finden, in der Liebe zu sein und sich zu üben in Mitgefühl, Hingabe und Verbundenheit. Das war die Basis. Danach kamen viele Interpretationen, die von den Menschen sehr verschieden ausgelegt wurden. Vieles zum Sinn der Machtergreifung. Die Macht einiger weniger, die sie über die große Masse ausüben wollten.

Nun kommt es wieder auf den Einzelnen an. Denn der Einzelne wird heute viel mehr bewegen können, als es lange Zeit möglich war. Viele Lichtarbeiter haben es gerichtet, im Verhältnis zur großen Masse immer noch wenige, aber es waren genug, dass sie den Umschwung herbeiführen konnten: Die Vermeidung des Dritten Weltkriegs, der lange prophezeit wurde, das Sterben der Erde, die Vernichtung der Menschheit. All das ist heute, dank dieser Lichtarbeiter, in weite Ferne gerückt. Die Macht, mit der heute aufgrund der Ankunft in der Neuen Zeit jeder Einzelne ausgestattet ist, ist immens und nur vergleichbar mit der Macht, die einige wenige *Rishis* und andere Weisen auf der Welt hatten und die nur diese ausüben konnten. Heute haben so viele Menschen einen höheren Bewusstseinsstand, dass die Macht ganz anders verteilt ist. Sei dir also bewusst, dass du Schöpferkraft hast und das Schicksal der Welt mitgestaltest.

Den Mangel, den du in dir fühlst, projizierst du nach außen. Willst du Mangel in der Welt? Wenn nicht, so erfülle dich mit innerem Reichtum. Fühle die Liebe, die du bist. Nimm deinen Raum ein und strahle in die Welt hinaus: Ja, ICH BIN! Und ich bin verbunden mit Allem-was-ist! Fühle deinen inneren Reichtum, deine unsterbliche Seele, und mache dir bewusst, dass das Spiel des Lebens viele Illusionen hervorbringt, die mit deiner unsterblichen Seele nichts zu tun haben. Du hast die freie Wahl, inwiefern du dich an der Dramatik dieses Spiels beteiligen möchtest. Oder ob du aussteigst aus all diesen Geschichten.

Bist du diese Geschichte, die du erlebt hast? Identifizierst du dich mit der Geschichte dieser Inkarnation? Oder erhebst du dich daraus und erinnerst dich an deine wahre Unsterblichkeit, an deinen Großen Geist, und bist dir bewusst, dass du die Geschicke der Welt mitlenkst? Mit dem, was *du* fühlst und ausstrahlst, beeinflusst du nicht nur deine Umgebung und deinen Nächsten, sondern wie in einer Kaskade viele andere Menschen über deine Landesgrenzen hinaus. Du bist das Zünglein an der Waage, das mitentscheidet, wohin es geht und auf welche Art und Weise.

In der alten Hochkultur Indiens gab es viele Weise, doch es waren zu wenige, die sich genau dessen bewusst waren: dass *sie* die Fäden in der Hand halten, dass sie nicht Marionetten eines höheren Schicksals waren, sondern dass jede Seele das Schicksal der Erde mitgestaltet. Die Seelenabsprachen, die wir vor dieser Inkarnation getroffen haben, ermöglichen es uns, noch leichter Hand in Hand zu arbeiten. Sieh dich also um, erkenne deine Familie: Wer passt zu dir? Wer gehört zu dir? Wer erwärmt dein Herz? Wer tut dir gut? Erkenne alle Mitglieder deiner Familie und treffe dich sooft es geht mit ihnen. Die äußeren Faktoren sind dabei völlig unerheblich. Geschlecht, Nationalität, Alter, Religion und Abstammung haben nichts damit zu tun, aus welcher Seelenfamilie du stammst.

Die Mitglieder deiner Seelenfamilie sind schon oft gemeinsam inkarniert, um sich gegenseitig in wechselnden Rollen zu unterstützen, egal, ob als Mann, Frau, Mutter oder Kind, Freund und Freundin, als Opfer oder Täter. In welcher Form auch immer ihr euch gegenseitig unterstützt, um in diesem und in vielen vorherigen Leben eure Seelenerfahrungen zu machen, ihr seid miteinander verbunden. Noch mehr und leichter als mit allen anderen erfassbar, da eure Frequenz, in der ihr schwingt, sehr ähnlich ist. Ihr habt euch ähnliche Ziele gesucht und euch von daher zusammengefunden. Spürst du also ein wohliges Gefühl des Erkennens, wenn du mit bestimmten Menschen zusammentriffst, so pflege diese Kontakte, denn sie bereichern dich. Und ihr könnt euch gegenseitig helfen, das Bewusstsein hochzuhalten und wachzubleiben. Wachzubleiben ungeachtet aller scheinbar widrigen Umstände von außen, die die Entwicklung zu etwas Gutem zu verhindern scheinen.

Das Äußere ist auch nur eine Illusion, aber sie erscheint im Moment noch sehr wirklich. Von daher gehe Schritt für Schritt, mache nicht den gleichen Fehler wie die Inder des Alten Indiens, die glaubten, sie könnten und sollten sich nur mit den geistig am höchsten entwickelten Mitgliedern ihrer Kaste zusammenfinden und durch eine Art geistige Elite ihre Welt retten.

Die Welt hat sich weiter entwickelt. Die neue Hochkultur, die nun eingeläutet wird, findet einerseits auf einer gleichen Ebene statt wie damals. Auf der anderen Seite hat sich die Spirale nach oben bewegt. Das heißt, es gibt einen Aspekt, der sich trotz aller Wiederholungen hier vorher noch niemals realisiert hat. Und das ist ein Aspekt der Gemeinschaft der Menschen und auch der Tiere, die nun leben, der zur wahren Einheit mit Gott zurückführen kann. Die nächsten paar tausend Jahre müssen also zum höchsten und besten Wohl *aller* Lebewesen genutzt werden. Alle müssen sich zusammenfinden und dürfen niemanden ausschließen. Daher ist es existentiell wichtig, dass du niemanden aufgrund seines Geschlechts, seines Bildungsstands, seiner Herkunft, seiner Religion oder seiner Abstammung ausschließt. Mag dir jemand noch so fremd erscheinen, so ist er doch ein Teil von dir, und du bist ein Teil von ihm. Ihr seid eine Familie. Niemand begegnet dir zufällig. Und du wirst immer öfter die bewusste Erkenntnis erleben, dass ihr euch bereits kennt. Und dann, wenn du dich öffnest, wirst du einen schmalen Strom spüren zwischen euch. Etwas, das euch gleichmacht in der Erkenntnis, dass ihr auf der gleichen Seinsebene seid und in Verbindung mit Allem-was-ist und in besonderer Verbundenheit in eurer gleichzeitigen Präsenz in dieser so wichtigen Zeit.

Ihr seid Seelen, die sich entschlossen haben, jetzt zu inkarnieren, ein neues Leben zu wagen in dieser Zeit des Umschwungs und des Aufstiegs, die mit ihren vielfältigen Aufgaben schwierig zu bewältigen ist. Diese Wesen sind besonders miteinander verbunden, denn sie haben ein gemeinsames Ziel. Dieses zu erreichen, kann in unterschiedlicher Form geschehen. Jeder kann in dem Spiel, das hierzu gespielt werden muss, verschiedene Rollen einnehmen. Euer Ziel ist es, euch vollkommen für die Entwicklung der Menschheit hinzugeben, für eine Zukunft, die Glück und Erfüllung für alle Wesen bereithält.

Indien bietet dir im Moment ein dramatisches Beispiel dafür, wie tief eine Hochkultur fallen kann. Missachte aber nicht die Perlen, die hier zu finden sind. Nicht nur in der Vergangenheit, in Form der alten Weisheiten, die uns überliefert wurden. Achte auch die Menschen, die sich vollkommen der Weitergabe dieser Weisheiten hingeben, die sie zum Wohl aller in der Welt verbreiten wollen.

Weise kann man heute überall finden und in größerer Zahl als jemals zuvor. In den meisten Fällen halten sie sich gar nicht für weise, und schon gar nicht für Heilige, da sie selbst sehr genau ihre Fehler und ihre Unzulänglichkeit spüren im Vergleich zu dem, was sie als geistiges Wesen verkörperten. Im physischen Körper kann kein Mensch alle diese Fähigkeiten nutzen. Von daher kann immer ein Gefühl der Unvollkommenheit bleiben. Dieses Gefühl ist aber alles andere als nützlich. Mache dir also bewusst, dass du die Macht nutzen kannst, die dir jetzt in dieser Form gegeben wurde. Und das ist alles, was du jetzt hast. Also ist es sehr wertvoll.

Wenn du noch mehr erreichen möchtest, so übe dich darin, dich wach und bewusst zu halten, offen für die Hilfe aus der Geistigen Welt, von deiner geistigen Führung, die sich dir zur Verfügung stellt und die du gewählt hast. Die Entscheidung triffst immer du. Du bist kein willenloses Mittel in der Hand höherer Wesen. Die Macht, die dir gegeben wurde, ist, mit deinem physischen Körper zu agieren, zu kommunizieren, sodass du jederzeit und von allen gehört werden kannst, um deine Mittel entsprechend zu nutzen. Mache dir klar, dass den höheren geistigen Wesen oft nur das Schweigen und das hilflose Zusehen bleibt. Sie können erst durch dich wirken.

Und das sagt uns auch Indien. Es ist ein Fehler der Menschen zu glauben, dass sich ihre Fähigkeiten in dem erschöpfen, was sie jetzt gerade verkörpern. Durch dich wirkt viel mehr. Durch dich wirkt die Erfahrung vieler Leben, vieler Inkarnationen. Und die Weisheit der Geistigen Welt, die durch dich wirken kann, wenn du es erlaubst. Das Steuer hältst du in der Hand, und das gibt dir die Macht. Warte also nicht darauf, dass dir geholfen wird, wenn du dich hilflos hinsetzt in der Illusion, dass du nichts bewegen kannst. Die Hilfe und die höhere Macht werden zu dir kommen, wenn du sie ergreifst. Öffne dich ihr und agiere in diesem Sinn. Du brauchst dir die Aufgaben nicht zu suchen, sie kommen von alleine zu dir.

Es ist hinderlich, in blinden Aktivismus zu verfallen, die Menschheit retten zu wollen, ohne zuerst bei dir selbst zu suchen. Du kannst die gesamte Menschheit nur retten, indem du dich selbst rettest. Richte also deinen Blick nach innen, dort wirst du alle Aufgaben finden, die du brauchst. Suche nicht im Außen, versuche nicht bei anderen zu erzwingen, dass sie heilen. Heile dich selbst, heile dein Leben.

So wirst du in deine Aufgaben hineinwachsen, die du dir für diese Inkarnation gewählt hast, und die Macht ergreifen, die dir gegeben wurde. Hab keine Angst vor Macht. Macht an sich ist nicht positiv oder negativ. Ausschlaggebend ist nur, wie du sie nutzt. Mache es dir zum Prinzip, dich immer, wenn du aufwachst, nach dem göttlichen Prinzip auszurichten – zum höchsten und besten Wohl. Und dann halte dich entsprechend wach. Sieh mit wachen Augen, was um dich herum geschieht, was es in dir auslöst, welche Impulse aus dir herauskommen, und integriere alle diese Erfahrungen in dein Sein.

Nimm alles so, wie es ist, leiste keinen Widerstand, damit du nicht zerbrichst. Sei biegsam wie das Gras im Wind, gib dich dem hin, was geschieht. Stell dich nicht dagegen. Stell dich überhaupt gegen nichts. Sei *für* etwas. Setze dich *für* jemanden ein. Setze dich *für* eine gute Sache ein. Wenn du dich vor jemanden stellst, um ihn zu schützen, dann sei nicht gegen den Angreifer, sei nicht gegen diese böse Sache, die geschieht. Aber sei dafür, dass allen Beteiligten nur das Beste geschieht. Segne alle Beteiligten. Die scheinbaren Täter, die scheinbaren Opfer und die Zuschauer. Segne die gesamte Situation. Damit tust du etwas sehr Weises. Sei für Frieden und nicht gegen Krieg. Sei nicht gegen Gewalt, sei für Liebe und Zärtlichkeit und einen Austausch zwischen den Menschen, die sich und alle anderen Lebewesen achten, zum höchsten und besten Wohl von Allem-was-ist.

So wirst du an der Evolution der gesamten Menschheit mitwirken, die dabei ist, in eine Höhe aufzusteigen, die neu ist für diese Erde. Es wird eine geistige Führung geben, die sich von alleine ergibt. Keine aufgezwungenen Regierungen mehr, die durch dubiose Umstände an die Macht gelangen. Führung ergibt sich allein durch die natürlichen Gegebenheiten, einen hohen Bewusstseinsstand von Menschen, die sich miteinander verbinden können, leicht und mühelos, um das Notwendige zu leiten.

In Indien sehen wir heute, wie eine reiche Minderheit ein Land regiert, in dem die Mehrheit in großem Elend lebt. Durch dieses Beispiel sehen wir umso klarer, wie es überall auf der Welt aussieht. Sieh dir dein Land an: Sind hier alle gleich? Geht alles fair zu? Stehen jedem alle Ressourcen zur Verfügung? Oder sichern sich einige wenige die Ressourcen, die eigentlich allen von Nutzen sein sollten? Wem gehört das Land? Wem gehört das Wasser? Wer darf die Wälder nutzen? Ist das reglementiert, limitiert? Dann siehst du, was zu tun ist. Dann setze dich ein für die Freiheit des Einzelnen, für Fairness und Gleichheit und die faire Verteilung der Ressourcen an alle. Es ist für alle genügend da. Alle gegenteiligen Behauptungen sind eine Lüge.

Der sogenannte Mangel ist ein Instrument, das die wenigen Mächtigen einsetzen, um das Volk in Angst zu halten. Hier gibt es noch viele Beispiele. Mache dir also klar, dass Angst immer diesen Menschen in die Hände spielt. Gewöhne dir Angst ab. Angst ist vollkommen überflüssig. Hier wird nichts geschehen, was du nicht sowieso selbst für dieses dein Leben geplant hast. Du kommst an viele Abzweigungen, an denen du die Wahl hast. Und diese Wahlmöglichkeiten hast du bereits in den Plan für deinen Lebensweg eingeschlossen.

Noch einmal: Dir kann nichts geschehen. Alles liegt in deiner Hand.

5. Meine Welt und ihr Einfluss auf mein Leben

Schau dich einmal um und betrachte die Welt um dich herum. Zuerst bemerkst du die physische Welt, die direkte Umgebung, in der du dich aufhältst, die Natur, die Flora und Fauna deines Landes und Kulturkreises. Du siehst die Menschen, wie sie sich in einer bestimmten Art und Weise bewegen, kleiden und geben. Sie gehen ihrer täglichen Arbeit nach oder auch nicht. Du wirst Menschen bemerken, die sich dem Leben entgegenstellen, nicht funktionieren wollen in der Welt, die deine Welt ist, und die scheinbar außerhalb der Gemeinschaft leben. Oder auch nur gerade am Existenzminimum existieren. Du bist Teil dieser Welt und untrennbar verbunden mit ihr, mit dem Gruppenbewusstsein der dich umgebenden Individuen. Schau dich also genau um, wohin du dich begeben hast. Du hast dich hier in diesem Leben mit diesem Weg, den du dir gewählt hast, als Seele inkarniert. Deine Umgebung, diese deine Welt, ist ein Teil dieser Entscheidung. Du bist also nicht ohne Grund dort, wo du bist. Wenn du auch manchmal mit deinem Schicksal haderst, solltest du dir immer bewusst sein, dass du gerade dieses mit Bedacht gewählt hast.

Warum bist du also hier? Mache dir klar, was dein Lebensweg ist. Was sind die Ziele, die du erreichen beziehungsweise die Erfahrungen, die du deinem Seelenerfahrungsschatz hinzufügen möchtest? Welche Art Erfahrungen fehlen dir bisher noch? Warum kannst du sie gerade hier in dieser Welt verwirklichen? Warum hast du dich für diese Zeit, für diese Epoche entschieden? Du könntest auch mit der nächsten Inkarnation warten, bis diese schwierigen Zeiten vorbei sind, und dich bereits ins fortgeschrittene Zeitalter transferieren, in dem die Übergangsphase bereits geschafft wurde. Du könntest auch in einem Land leben, das weniger von Krisen geschüttelt wird als dein jetziger Lebensort. Du könntest dich aber auch in einem Land befinden, das sich in einem akuten Kriegszustand befindet. Während du diese Zeilen liest, bist du wahrscheinlich nicht in solch einem Land, denn dann hättest du keine Zeit, zu lesen.

Der erste Schritt ist also, deine Augen zu öffnen und dir klar zu machen, dass deine Entscheidung, im Hier und Jetzt zu sein, eine bewusste Entscheidung war. Mit deinem Schicksal zu hadern kann somit nur Zeitverschwendung sein. Denn das hieße, damit zu hadern, was du dir für dieses Leben vorgenommen hast, und dir somit selbst im Weg zu stehen. Nimm also an, wo und in welcher Zeit du bist, unter diesen Bedingungen, unter denen du dich hier wiederfindest. Vielleicht öffnest du das erste Mal für deine Umgebung und alle Komponenten, mit denen du verbunden bist, wahrhaft die Augen.

Sieh dir als Erstes die Menschen an, mit denen du dich umgibst: Passen sie zu dir? Sind das die Menschen, mit denen du zusammen sein möchtest? Welchen Einfluss haben sie auf dein Leben? Lässt du dein Leben von ihnen bestimmen, oder bestimmst du ihr Leben? Wie greift ihr gegenseitig in euren Alltag und in euer Gefühlsleben ein? **Mache dir also als Erstes die Beziehungen klar, deren Teil du bist.** Sind die Menschen, mit denen du lebst, mit denen du in einer Familien- oder intimen Beziehung bist, immer noch die Menschen, mit denen du dir deinen weiteren Lebensweg vorstellen möchtest? Kannst du diese Frage nicht ganz klar und begeistert mit Ja beantworten, solltest du dich tiefer in diese Fragestellung begeben. Denn das ist der Ausgangspunkt der Analyse, die ich dir für dein Leben empfehlen möchte.

Nicht alles, was dich an deinen nächsten Mitmenschen stört, sollte zu einer Trennung führen. Als Erstes solltest du untersuchen, inwieweit dir diese Menschen dienlich sind, indem sie dir einen Spiegel vorhalten und dir unerwünschte Verhaltensweisen zeigen, die tief in dir vergraben sind und die es zu entdecken gilt. Löst du diese Untiefen und Charakteristika in dir, können dir auch deine nächsten Mitmenschen anders begegnen. Unangenehmes kann sich unerwartet auflösen, und ein Mensch kann sich strahlend verwandeln, wenn du es zulässt. Das ist die eine Möglichkeit. Die andere Möglichkeit ist, dass ein Mensch nicht mehr zu dir passt so, wie du jetzt bist. Du bist nicht mehr der gleiche Mensch wie vor fünf oder zehn Jahren, denn du entwickelst dich in dieser Inkarnation weiter, mit deinem Lebensalter und den Erfahrungen, die du hier machst.

Vielleicht war eine Beziehung einmal nötig für dich, um bestimmte Entwicklungsschritte zu gehen. Vielleicht ist diese Beziehung aber nun überholt, und sie belastet dich nur noch und schädigt deine weitere Entwicklung. Also zögere nicht, dich von Beziehungen zu trennen, die nur noch Ballast für dich bedeuten. Das mag im ersten Moment schmerzhaft für dich sein, im nächsten Moment wirst du aber eine unglaubliche Erleichterung spüren.

Mache dich nicht von Beziehungen oder anderen Menschen abhängig. Oft glauben Menschen, sie bräuchten die anderen aus finanziellen oder aus Sicherheitsgründen. Das ist die niedrigste aller Motivationen. Mache dir klar, dass für dich immer gesorgt sein wird, wenn du nur selbst davon überzeugt bist.

Bist du davon überzeugt, dass du abstürzen wirst, dass nur das Schlimmste auf dich wartet und du vielleicht sogar auf der Straße landen wirst, heimatlos, ohne ein Dach über dem Kopf, so forcierst du mit dieser Denkweise natürlich eine entsprechende Entwicklung. Vertraust du aber auf Gott, auf deine innere Führung und dein strahlendes Selbst, wird immer für dich gesorgt sein. Wie Jesus sagte: „Sei wie die Lilien auf dem Felde: Sie säen nicht, sie ernten nicht, und Gott ernährt sie doch."

Geld und Segen können aus den unterschiedlichsten Richtungen kommen. Oft unerwartet aus einer Richtung, mit der du nicht gerechnet hast. Darum verschließe dich in deinem Leben nicht gegen das Feld aller Möglichkeiten, indem du dich nur in eine bestimmte Richtung orientierst und alles andere von vornherein ausschließt. Erwartest du nur aus einer Richtung etwas, wird es für dich sehr viel schwieriger, aus anderen Richtungen etwas zu empfangen. Sei also empfangsbereit wie ein Radiosender, bereit, aus allen Richtungen Signale zu empfangen. Folge den Signalen und Impulsen so, wie sie dir guttun und dir Möglichkeiten und Chancen eröffnen, die dir in deinem Leben wertvoll sind.

Trennst du dich also von einem Partner, der bisher vielleicht finanziell für dich gesorgt hat, oder führt diese Trennung dazu, dass du das Haus verlassen musst, so tue es leichten Herzens. Denn du wirst dich in der kleinsten Kammer wohler fühlen als im luxuriösesten Palast, wenn du dafür eine Beziehung ertragen musst, die deiner Gefühlswelt von Tag zu Tag schadet. Tatsächlich ist es möglich, dass du dich wesentlich glücklicher fühlst, wenn du weniger an Materiellem hast. Dein Glücksgefühl ist nicht abhängig davon. Natürlich ist es schön, wenn man sowieso schon glücklich ist und gute Beziehungen pflegt, die Liebe und Geborgenheit bieten, und dazu noch in einem schönen Haus wohnen kann, vielleicht am Fluss oder im Wald oder wie es einem sonst gefallen würde. Das ist aber keine Bedingung für das Glück, und vor allem kann man es dadurch nicht herbeiführen. Vertraue darauf, dass für dich immer gesorgt sein wird und du im Kleinen wie im Großen dein Wohlbefinden und Glück finden wirst, beziehungsweise lass *dich* vom Glück finden.

Ein anderer Grund dafür, dass du eine Trennung scheust, kann sein, dass du dich emotional abhängig gemacht hast. Auch diese Abhängigkeit ist nur eine Illusion. In der Tat genügst du dir selbst viel eher in einer Form, die dich glücklich macht, als wenn du dich mit einer Person verbindest, die dich in der Beziehung unglücklich macht. Mache dir klar, dass du hier nichts zu verlieren hast. Erst wenn du dich von dieser Person trennst, wirst du frei für neue Beziehungen und Menschen, die in dein Leben treten (zum Beispiel in einer neuen Partnerschaft) und dir eine ganz neue Komponente in deinem Leben eröffnen können. Es ist müßig, darauf zu warten, dass sich dir das während der Beziehung, die du im Moment führst, bieten könnte. Du kannst nicht in der Art und Weise, wie du im Moment lebst, darauf warten, dass sich dir gleichzeitig etwas Besseres bietet. Es muss erst etwas Altes entfernt werden oder verschwinden, bis etwas Neues zu dir kommen und entstehen kann. Mache dich also erst frei von dem Alten, von dem, was dir schadet, damit du frei wirst für das Neue, das dich bereichern wird.

Dann gibt es in deinem Leben Menschen, zum Beispiel im Familienkreis, denen du durch Verwandtschaftsbeziehungen angehörst. Du hast das Gefühl, dass ihr dadurch für immer verbunden seid und dir nichts anderes übrig bleibt, als diese Beziehungen zu pflegen. Das ist nur bedingt richtig. Natürlich gehört ihr einer Seelenfamilie an, wenn ihr in einer so nahen Beziehung zueinander inkarniert. Das heißt aber nicht, dass du in diesem Leben einen täglichen oder regelmäßigen Umgang mit ihnen pflegen musst. Kläre die Beziehungen zu ihnen, kläre zum Beispiel den Umgang mit deinen Geschwistern. Vielleicht gibt es hier Ressentiments, Eifersüchteleien, vielleicht auch regelrechten Hass. All dies hat mit eurer frühesten Kindheit zu tun und kann sogar in frühere Leben zurückgehen. Hier solltest du dir Hilfe holen, um das zu klären, wenn du nicht alleine diese Beziehungen zu durchschauen und zu heilen vermagst. Sollte all das vergebens sein, brauchst du dich nicht verpflichtet oder gezwungen zu fühlen, diese Beziehungen zu pflegen, die dich nur mit einem schlechten Gewissen, mit einem schlechten Gefühl versehen. Du brauchst auch nicht anderen, zum Beispiel deinen Eltern zuliebe, diese Beziehungen zu pflegen. Im Endeffekt spürt jeder der Anwesenden bei euren Treffen, dass sie keinem guttun. Möchtest du deine Eltern sehen, kannst du sie genauso gut alleine treffen, ohne deine Geschwister.

Bevor du voreilig Beziehungen aufgibst, solltest du natürlich immer prüfen, ob nicht der Störfaktor in Wahrheit von dir selbst ausgeht und der andere nur auf die Trigger reagiert, die du ihm bietest. Das kann immer wechselseitig sein. Die Selbstanalyse steht also, wie gesagt, immer an erster Stelle. Schau, wo bei dir die Schwierigkeiten sind: Wo sind alte Ängste, Mängelgefühle, Abwehr und Widerstand gegen den Fluss des Lebens? Beziehungen können sich auch verändern und müssen immer neu gepflegt und aufgebaut werden, und du solltest immer bereit sein, den anderen so zu sehen, wie er jetzt ist, und nicht so, wie er vielleicht einmal war. Wenn du all das tust und trotz der Beziehungspflege keine wertvolle bereichernde Beziehung weiterzuführen ist, gib sie auf und lass die Person in Liebe und mit deinem Segen weiterziehen.

Auch bei Gegenständen ist es so, dass du dich nicht gezwungen fühlen musst, sie aufzubewahren und sie in deiner Wohnung zu haben, um sie jederzeit vorzeigen zu können. Vielleicht sind sie dir einmal von Menschen geschenkt worden, die dir nahestehen oder die dir zumindest einreden wollten, dass diese Gegenstände dir nahestehen müssten. Mache dich auch von diesen Zwängen frei und entlaste dein Leben, indem du die Dinge, die du nicht brauchst, nicht magst oder nicht haben möchtest, einfach weitergibst. Befreie dich von jeglichem Ballast oder Kram, Ramsch beziehungsweise von allem, was dich umgibt und dir keinen direkten Nutzen bietet. Halte deinen Besitz möglichst klein, damit er dich nicht auffrisst oder belastet, sodass du am Ende nur noch sagen kannst: „Ich bin, weil ich etwas besitze. Ich bin da, weil ich Sachen habe." All das sind nur Zeichen von Unsicherheit, der Versuch, einen Mangel aufzufüllen, der von außen nicht aufzufüllen ist, einen Mangel, der im Inneren eines Menschen zu suchen ist. Suche also nach innerem, nicht nach äußerem Reichtum.

Auch Beziehungen und Menschen werden manchmal gesammelt wie Gegenstände, wie Statussymbole. In den westlichen Gesellschaften kann es sehr wichtig sein, bestimmte wichtige Leute zu kennen, sich in wichtigen Kreisen zu bewegen und in geeigneten Momenten wichtige Namen fallenzulassen, als Zeichen dafür, dass man mit diesen Menschen näher bekannt ist. Damit möchte man seinen eigenen Status erhöhen. All das sind nur äußere Symbole einer unwichtigen Fassade. Sie werden in keiner Art und Weise auf deine wirkliche Zufriedenheit und dein inneres Glück Einfluss nehmen. Das ist Teil einer äußeren Scheinwelt, die keinen wahren Einfluss auf dein Leben hat.

Schau dir nun die weiteren Beziehungen an, die du pflegst. Nicht mehr nur im engsten Kreis, aber vielleicht im Freundeskreis, Nachbarn, Arbeitskollegen usw. Wie begegnet man dir? Wie empfindest du diese Menschen? Pflegt ihr einen freundlichen Austausch? Habt ihr auch manchmal tiefergehende Gespräche? Hast du das Gefühl, du wirst gemobbt? Oder hast du selbst Widerwillen gegen bestimmte Personen, sodass du immer wieder gegen sie schießen musst? Wie gestaltest du diese etwas loseren Beziehungen? Hier kannst du über dich eine Menge lernen, nicht über deinen wirklichen Seelenkern, aber darüber, wie du deine jetzige Inkarnation gestaltest. Willst du so sein, wie du im Moment bist?

Tritt mental einen Schritt zurück und schau dich genau an. Dich und wie du dich diesen Menschen gegenüber verhältst. Die meisten von ihnen werden nicht existentiell wichtig für dich sein, von daher ist es umso interessanter zu sehen, wie du sie behandelst. Wie behandelst du einen Menschen, der dir nicht nützlich ist? Lässt du ihn am ausgestreckten Arm verhungern, wenn es dir passt? Spielst du dich auf? Machst du dich wichtig? Machst du dich zu seinem Mentor oder zu seinem Chef? Betrachte deine Verhaltensweisen genau. Wenn dir nicht gefällt, was du siehst, solltest du in beide Richtungen reagieren. Zum einen gilt natürlich auch hier: Trenne dich, wenn möglich, von Personen, die sich dir gegenüber entsprechend fehlverhalten. Korrigiere auf der anderen Seite dein Verhalten, wenn du vielleicht beschämt erkennen musst, dass dein Verhalten nicht angemessen ist. Es besteht die Möglichkeit, dass du deine eigenen Mängel zu verdecken suchst, indem du andere niedermachst. Vielleicht lässt du dich auch niedermachen wegen deiner alten Minderwertigkeitskomplexe und lebst Muster aus der Vergangenheit in dieser Form weiter. Untersuche alle diese wechselseitigen Beziehungen darauf, wie dir jemand als Spiegel begegnet und wie du mit ihm alte Muster weiterspielst. Dein Gegenüber kann wie ein Schauspieler in eine Rolle schlüpfen, die früher eine andere Person in deinem Leben innehatte, und sie für dich weiterspielen.

Nun wirst du sagen: „Ich kann mich nicht von allen ungeliebten Personen in meinem Leben trennen. Was ist mit meinen Arbeitskollegen? Ich arbeite mit ihnen zusammen." Letztendlich aber bist du für alle Beziehungen in deinem Leben verantwortlich. Warum hast du diese Arbeitsstelle? Möchtest du diese Arbeit machen? Oder machst du sie aus Sicherheits- oder finanziellen Gründen? Dieses Thema haben wir bereits abgehandelt, und es gilt für Beziehungen genauso wie für die Arbeitsstelle: Jeder Zwang, jeder Mangel, beruht auf nichts anderem als auf einer Illusion. Erst wenn du dich aus einer Situation löst, die dir nicht guttut, werden sich dir die neuen Möglichkeiten auftun. Das gilt für das Hier und Jetzt genauso wie für die Vergangenheit und die Zukunft.

Das Wichtigste ist, dass du nicht auf die erschreckten Ausrufe deiner Umgebung hörst. Denn was tun diese Menschen, die sich Sorgen um dich machen? Sie tun nichts anderes, als ihre eigenen Ängste auf dich zu transferieren. Das solltest du wie einen leichten Sommerregen an dir ablaufen lassen. Wenn du wirklich bei dir bist, dann bist du im Vertrauen in Gott und zu deinem Höheren Selbst. Folge deiner inneren Führung, verbinde dich mit deinen geistigen Helfern, deinen Schutzengeln oder wie auch immer du deine Helfer aus der Geistigen Welt nennst. Sie sind immer für dich da. Halte Augen und Ohren offen, lausche den Signalen, und du wirst immer einen Weg gewiesen bekommen. Nur wird er häufig anders aussehen, als du es in deiner Vorstellung manifestieren wolltest. Daher ist es umso wichtiger, dass du dich wirklich offenhältst für die Signale und die Möglichkeiten, die sich dir bieten. Sonst kann es sein, dass du nur einen schmalen Ausschnitt dessen wahrnimmst, was wirklich ist. Und damit beschneidest du wirklich deine Möglichkeiten, und die Wahlmöglichkeiten, die auf dem von dir gewählten Lebenspfad bestehen, engen sich entsprechend ein.

Wenn du dir sicher bist, dass die Arbeit, die du tust, an der Stelle, an der du im Moment bist, genau das ist, was du dir wünschst, du aber trotzdem mit deinem Chef oder deinen Kollegen nicht klarkommst, schaue dir, wie gesagt, an, ob die Ursache nicht bei dir liegt. Spielst du mit ihnen alte Rollenspiele? Triggerst du sie an ihren wunden Punkten an? Oder versuchst du, egogesteuert den anderen deine Meinung aufzudrängen? Sicher weißt du, was am besten ist. Aber genau das gleiche denkt dein Gegenüber auch. Daher wieder der Rat: Nimm dich mental zurück, lass es laufen, sei im Fluss und überlasse jedem die Möglichkeit, nach seiner Façon selig zu werden. Was bringt es dir denn, Recht gehabt zu haben oder es besser zu wissen?

Stiehl dem anderen nicht seine Lebenserfahrung. Lass ihn

seine Erfahrungen machen, so, wie du deine machen möchtest. Frei in der Wahl. Vielleicht bist du auch gar nicht im Recht. Aber das ist im Moment gar nicht entscheidend. Entscheidend ist, dass du selbst in dem Wunsch zu helfen andere vergewaltigen kannst und sie daran hinderst, ihren eigenen Weg zu gehen. Sicher, wenn akute und direkte Gefahr droht, kannst du dich verpflichtet fühlen, einzugreifen und zu warnen. Aber selbst wenn sich jemand in die Tiefe stürzen und aus dem Leben gehen will, dann hast du kein Recht, es zu verhindern. Es ist *sein* Leben, und niemand möchte ein fremdgesteuertes Leben führen. Nimm dich also zurück, überlass dich nicht der Steuerung deines Egos, sondern segne liebevoll deine Umgebung und die Menschen darin. Schau einfach zu, welches Schauspiel sie dir bieten, erscheint es dir auch noch so sonderbar und merkwürdig.

Kannst du dir sicher sein, dass nicht auch du den anderen sonderbar und merkwürdig erscheinst? Trotzdem erwartest du, dass sie dich so lassen, wie du bist. Pass auf, dass du deine Grenzen achtest, so, wie die anderen auch ihre Grenzen achten sollten. So kann keiner in den Raum des anderen eindringen und ihn schädigen. Sei in Ehrfurcht und Respekt vor dem Lebensweg des anderen, wenn er sich auch noch so sehr von dem unterscheidet, was du als wünschenswert beschreiben würdest. Ja, vielleicht schaffst du es sogar, zu staunen und jemanden dafür zu bewundern, welchen schweren Weg er sich im Leben gewählt hat. Vielleicht geht er wirklich durch alle Tiefen, durch alle Süchte, und ihm geschieht alles Schlechte, was einem nur geschehen kann. Vielleicht sterben seine nächsten Angehörigen, vielleicht verliert er ein Kind, vielleicht gelingt ihm keine Beziehung, vielleicht verliert er ständig seine Arbeitsstellen. Mische dich nicht ein, wenn du nicht gebeten wirst, denn die Aufgaben kommen von alleine zu dir. Bleib also Beobachter, der Liebe sendet und segnet.

Du kannst dankbar sein, wenn du dir einen leichteren Lebensweg gewählt hast. Aber diese Möglichkeiten sind immer die freie Wahl. Manche Seelen entscheiden sich dazu, in wenigen Leben sehr viele Erfahrungen zu machen, für die sich andere viele Leben Zeit lassen. Hier gibt es kein Richtig oder Falsch, kein Gut oder Schlecht. Jeder hat hier seine eigenen Vorlieben. Es kann auch recht unterhaltend sein, auf der Bühne des Lebens gerade denen zuzuschauen, die sich eine ganz andere Art des Lebens ausgesucht haben. Vielleicht hilft dir dieser Ansatzpunkt, Toleranz zu üben und zu akzeptieren, dass verschiedene Lebenswege und Ansichten des Lebens existieren.

Solltest du mit einer Person absolut nicht zurechtkommen, bist aber gezwungen, mit ihr Kontakt zu haben, so würde ich dir raten, diese direkt darauf anzusprechen. Beschreibe dein Problem und deine Schwierigkeit nicht angriffslustig, sondern einfach aus deiner Sicht heraus. Sage ganz offen, was schwierig für dich ist und warum du dich unwohl fühlst. Und dann sei still und warte ab. Rede nicht endlos. Öffne den Raum und lass der anderen Person Zeit, sich zu äußern. Hier können manchmal Wunder geschehen. In der Tat wäre es sehr verwunderlich, wenn nach deinem mutigen Gesprächsansatz die Beziehung noch genauso schlecht wäre wie vorher. Wenn du eine Aura der Liebe und der Akzeptanz verbreitest, wenn du dich öffnest für etwas Neues, so ist es deinem Gegenüber unmöglich, verschlossen, hart, kalt und gemein zu dir zu sein. Vielleicht tritt dadurch, dass du das Gespräch in liebevoller Offenheit suchst, die Wende ein, weil dein Gegenüber gerade darauf gewartet hat. Vielleicht hat er/sie es auch nicht geschafft, sich dir vorher zu nähern. Mache dir immer die Position des anderen klar und versuche, dich in seine Lage zu versetzen. Welchen Einfluss hast du auf sein oder ihr Leben? Vielleicht wirst du zu überraschenden Resultaten kommen, wenn du ganz ehrlich zu dir bist. Versetze dich einmal in seine oder ihre Lage, dann wird es dir umso leichterfallen, Liebe und Toleranz zu fühlen.

Wenn du ein Problem mit den Fehlern der anderen hast, so untersuche, ob du nicht dir selbst gegenüber viel zu streng bist. Ihr seid alle Menschen, und kein Mensch kann so perfekt funktionieren wie eine Maschine. Alle haben Vorlieben und Abneigungen, haben Stärken in den Dingen, die sie gut können, und Schwächen auf den Gebieten, auf denen sie nicht so talentiert sind und noch emotional an sich zu arbeiten haben. Du kannst die anderen nicht zwingen, in die Selbstanalyse zu gehen, wie du es von dir selbst erwartest. Hier bekommst du Tipps, wie du mit dir selbst vorgehst. In der Tat wird das auch anderen helfen, in einen entsprechenden Prozess zu gehen. Das geschieht indirekt, weil alle Menschen miteinander verbunden sind. Wenn du anfängst, mit dir zu arbeiten, die Dinge, deine Beziehungen zu bereinigen und zu pflegen, deine alten Muster als vergangen zu begreifen und einen neuen energetischen Anfang zu schaffen, beeinflusst du damit nicht nur die Menschen in deiner direkten Umgebung, sondern wie in einem Kaskadensystem noch viele andere. Es wäre also verwunderlich, wenn dir im Rahmen dieses Prozesses noch alle genauso begegnen würden wie vor der Arbeit mit dir. Tatsächlich ist das die einzige Art und Weise, wie du mit den anderen arbeiten kannst: indem du mit dir selbst arbeitest. Die anderen kannst du nicht ändern. Sie werden sich von alleine ändern oder sich im Zuge der Entwicklung entfernen, die du selbst machst. Wie gesagt, manchmal passen Menschen einfach nicht mehr zusammen. Wenn du dich veränderst, werden die Menschen in deiner Umgebung das wahrnehmen, ob bewusst oder unbewusst, und sich wie bei einem Magneten angezogen oder abgestoßen fühlen. So geht jeder seinen Weg, oder Beziehungen vertiefen sich und können einen ganz neuen Ansatz bekommen.

Der Anfang liegt also immer bei dir. Der Anfang und das Ende. Denn der einzige Mensch, der in deiner Welt wirklich existiert, bist du selbst. Du bist der Hauptdarsteller in deiner Welt, alle anderen sind Nebendarsteller. Schauspieler, die dir helfen, indem sie auf der Bühne des Lebens in deiner Welt Rollen übernehmen in dem Stück, das ihr gemeinsam spielt. So hat jeder Mensch naturgegeben eine egozentrische Rolle in seinem Leben, da er sich als Seele inkarniert, um ein individuelles Leben zu erfahren und entsprechende Erfahrungen zu machen. Du bist also zugleich Hauptdarsteller und Regisseur.

Vergiss nicht: Alle Schöpferkraft liegt bei dir. Du hast große Macht, die du immer nutzt. Du kannst sie nicht *nicht* nutzen. Du kannst nur darüber entscheiden, ob du sie wünschenswert oder unbewusst nutzt in einer unkontrollierbaren Form, bei der du keinen Einfluss auf die Folgen nimmst. Bleibst du bewusst, kannst du selbst steuern, in welche Richtung deine Schöpferkraft wirkt.

Nun hat jeder sein eigenes Bild davon, was positiv oder negativ ist, was wünschenswert ist oder vermieden werden sollte. Das ist das Spielfeld des Lebens. So kommen sich Schöpferkräfte zum Teil ins Gehege, und zum Teil arbeiten sie miteinander. Jetzt, auf dem Weg in die Fünfte Dimension, beim Aufstieg der Erde, wird sich die Schöpferkraft immer mehr gleichgerichtet entfalten. Ihr werdet mehr und mehr zusammenarbeiten, Hand in Hand, in eine Richtung blickend und orientiert hin zur Einheit mit Allem-was-ist.

Individualisiertes Leben ist eine vorübergehende Form des Lebens. Letztendlich kommt alle Lebenskraft wieder zu einem Ganzen, zur Einheit zusammen. Unbewusst oder bewusst streben alle Lebensformen wieder dahin. Die meisten Menschen haben Angst vor Einsamkeit und dem Verlorenheitsgefühl, begleitet von Kälte und Lieblosigkeit. Jeder wünscht sich Beziehungen, Verbundenheit mit anderen, Wärme, Geborgenheit, kurz gesagt: allumfassende Liebe, die bedingungslos ist. Jeder möchte gerne angenommen werden, egal, in welcher Welt er auch immer lebt und wie er sie sich geschaffen hat. Er wünscht sich eine Art Gleichschaltung, gleich zu schwingen mit den anderen, ohne anzuecken, ohne scharfe Ecken und Kanten spüren zu müssen. Darum ist es für einen Menschen manchmal schwierig zu ertragen, wenn jemand eine andere Meinung oder andere Verhaltensweise als er selbst aufzeigt.

Vielleicht denkst du schnell, dass jemand gegen dich ist, wenn er anders ist als du. Einfach weil er mit deinem unbewussten Wunsch zur Gleichschwingung kollidiert. Ist er gegen dich, weil er anders ist als du? Nein. Er lebt sein individualisiertes Leben in der Form, die er sich gewählt hat, um bestimmte Erfahrungen zu machen. Die innersten Wünsche, die alle Menschen haben, sind tatsächlich die gleichen. Jeder wünscht sich Liebe und Geborgenheit. Auch ein Schlag oder sogar eine tödliche Kugel ist letztlich begleitet von dem Wunsch, Liebe zu erfahren. Manche Schreie nach Liebe können einem Menschen nur grausam vorkommen, und sie erscheinen als gewalttätiger Akt. Es ist schwierig, nun von diesen Menschen eine Selbstanalyse zu erwarten. Es ist fraglich, ob sie so viel Bewusstsein besitzen, dass sie zu der Erkenntnis gelangen können, was sie wirklich zu solchen gewalttätigen Taten treibt. In den meisten Fällen wirst du hier nicht helfen können. Es bleibt dir also nichts anderes übrig, als hinzunehmen, was auf der Welt geschieht, und weiterhin, von deiner Aura aus Liebe ausgehend, diesen Menschen und in alle Krisengebiete Segen zu schicken.

Vergiss nie, dass in jedem Menschen, mag er auch noch so schlecht erscheinen, ein Herz schlägt und ein Gefühlsleben vorhanden ist. Ein gewalttätiger Mensch ist in der Regel ein sehr verletzter Mensch. Das heißt nicht, dass du seine Verletzungen heilen kannst. Du kannst nicht die Verantwortung für jemand anderen übernehmen. Du kannst dich und diejenigen schützen, die du erreichen kannst, insofern sie Schutz von dir wollen. Mehr ist hier nicht möglich.

All die gewalttätigen Erfahrungen, die auf der Erde noch gemacht werden, gehören zu den letzten Eruptionen, bevor die Erde die Übergangsphase geschafft hat. Viele dieser Seelen werden sich danach nicht weiter auf der Erde inkarnieren. Manche werden aufsteigen in die Geistige Welt, andere werden einen Umschwung erleben und sich als Wesen inkarnieren, die in einer Art und Weise, wie du es dir noch nicht vorstellen kannst, der Neuen Erde dienen. Nur weil jemand im Moment eine gewalttätige Inkarnation gewählt hat, heißt das nicht, dass er als Seele noch nicht weit entwickelt ist. Es kann sein, dass er sich gerade deswegen zur Verfügung gestellt hat, schmerzhafte Erfahrungen zu machen und diese anderen zu geben, das heißt, dass er sein Licht soweit verdunkelt hat, weil er gerade in diesen letzten Zügen der Alten Welt der Menschheit dienen will. Jetzt gilt es nämlich, auch die Letzten noch aufzurütteln, wachzubekommen, diejenigen, die dahindämmern, schlafen und nicht sehen wollen, dass sie bewusst tätig werden müssen, um ihre Welt mitzugestalten und somit ihr eigenes Leben zu beeinflussen.

Es geht darum, Verantwortung für deine eigene Welt zu übernehmen. Das gilt für jeden Menschen. Diejenigen, die die dunklen Aufgaben übernommen haben, sind nicht die schlimmsten, sondern nur die sichtbar schlimmen Menschen. Denke aber an die Masse, an die große Masse, die immer noch uninteressiert dahindämmert und die letztendlich das Züngle in an der Waage ist, in welche Richtung es gehen wird. Zum Glück gab es eine ausschlaggebende Anzahl von Menschen. Menschen, die als eine Art Lichtarbeiter tätig sind und die Phase des Aufschwungs der Welt eingeleitet haben. Ihre Arbeit hat dazu geführt, dass der Dritte Weltkrieg verhindert werden konnte. Die Krise ist aber noch nicht ganz gemeistert. Es werden noch viele Naturkatastrophen kommen, resultierend daraus, dass die Erde vollkommen am Ende ist, ausgebeutet, zerstört, missbraucht, dass sich viel negative Energie angesammelt hat und die Erde übersät ist mit Wunden, Rissen, Spalten, Aufwerfungen und Spannungsfeldern.

Die Erde ist verzweifelt. Sie ist ein Organismus wie alle Lebewesen, die auf ihr wohnen. Es geht also um das Aufwachen eines jeden Einzelnen, der sich einsetzt für seine Welt, dort, wo er ist. Die Menschen, die hier dunkle Taten begehen, arbeiten auf ihre Weise daran mit, dass die träge Masse durch schockierende Ereignisse aufwacht und zur Erkenntnis gelangt, dass es so nicht weitergeht. Dass sie die Augen aufmacht und ihr Herz öffnet für die Bedürfnisse ihrer Welt.

Sei dir also bewusst, dass du den Ausschlag gibst. Du bist zentral wichtig. So wichtig, als ob du der einzige Mensch wärst, der hier lebt. Denn du bist ein Teil von Allem-was-ist. Willst du also, dass die Welt gesund ist und in Freude, so tue alles, dass *du* gesund bist und in Freude. Das strahlst du aus und gibst es weiter an deinen Nächsten und der wieder an seinen Nächsten usw., wie bei einem Dominoeffekt. Dieses System funktioniert wie eine Kaskade in alle Richtungen, sodass du, du allein, Unglaubliches anstoßen und die Welt bewegen kannst. Und diese Welt wiederum bedingt dein Leben.

6. Kleider machen Leute

„Kleider machen Leute" ist ein Ausspruch, den du sicher schon oft gehört hast. Gerade im deutschen Sprachraum ist er sehr geläufig. Was bedeutet dieser Ausspruch eigentlich? Er bedeutet landläufig, dass Leute verschieden wahrgenommen werden, je nachdem, wie sie gekleidet sind. Es gibt sogar ein altes Märchen zu diesem Thema. Es lautet: „Des Kaisers neue Kleider."

Nun möchten natürlich jeder gerne mit seinen inneren Werten wahrgenommen werden. Das ist allerdings eine Illusion in der heutigen Zeit, in der du dich noch befindest. Deine Umgebung wird dich immer nach dem ersten Eindruck bewerten. Zu diesem Eindruck gehört auch das äußere Erscheinungsbild, inklusive deiner Kleidung. Insofern stimmt es, wenn man sagt: „Kleider machen Leute." Das ist natürlich nur der erste, der äußere Schein. Wenn man in den Menschen hineinschaut, dann hat die Kleidung nichts mit seinem inneren Wesen zu tun. Sicher kannst du sagen, ein jeder wählt seine Kleidung nach seinem Geschmack, sofern er es finanziell kann, und bringt somit einen Teil seines Wesens zum Ausdruck. Das stimmt jedoch nur bedingt. Zum einen ist natürlich der finanzielle, aber auch der kulturelle Aspekt zu beachten. Jeder möchte schöne Kleidung tragen, in schönen Farben und aus einem guten Stoff gefertigt. Insofern kann man Menschen in dieser Hinsicht sehr schnell unterscheiden, wie gut oder schlecht sie finanziell gestellt sind. Billige oder teure Kleidung lasst sich sofort identifizieren. Ein Mensch wird gleich dementsprechend klassifiziert, in eine Schublade gesteckt und bewertet.

Darum möchten viele auch möglichst hochwertige Kleidung oder teure Marken tragen, um sich vom Äußeren her aufzuwerten. Sie versprechen sich davon, dass sie von den Menschen anders wahrgenommen werden, in einer Art und Weise, die sie hochwertiger erscheinen lässt, und dass sie dementsprechend besser behandelt werden, einem höheren Status entsprechend, als sie tatsächlich bekleiden. Hierbei sprechen wir natürlich von einem weltlichen Status, der so gut wie nichts mit dem inneren Status eines Menschen zu tun hat, der der geistigen und kosmischen Welt entspricht. Dieser entspricht seiner Seele und dem Standpunkt, in dem diese sich im Moment befindet.

Kleidung ist somit nur indirekt ein Ausdruck von Bewusstsein. Sicher kann man an der Farbwahl erkennen, welche Gesinnung ein Mensch hat. Bevorzugt er helle, freundliche, strahlende Farben, oder kleidet er sich lieber dunkel, trist, traurig, unauffällig, so hat das natürlich mit seinem Gemütszustand zu tun und damit, ob er auffallen möchte oder nicht. Ist er fröhlich oder traurig, wird er sich unterschiedlich kleiden.

Kulturbedingt kleiden sich Menschen ebenfalls unterschiedlich. Auch innerhalb eines Landes gibt es verschiedene Traditionen. Ich spreche hier nicht nur von Kleidung, die dem Volkstum entspringt oder der neusten Mode entspricht, sondern die einer gewissen Klassenzugehörigkeit zuzuordnen ist. Jemand, der aus einer sogenannten gebildeten, besseren Familie kommt, bekommt andere Werte vermittelt als jemand, der einer bodenständigen Arbeiterfamilie entstammt. Was hier jeweils als passend, angemessen oder einfach als schön wahrgenommen wird, kann sehr unterschiedlich sein.

All dies sind natürlich Stereotypen. Sehr häufig möchte ein

Mensch seiner Bildungsklasse auch gar nicht mehr entsprechen. Er möchte sich nicht mehr der Gruppe oder Gruppierung, aus der er stammt, zugehörig fühlen, sondern sich individualisieren und distanzieren, anders wahrnehmen, als es seinem Ursprung entspricht. Daher kann die Art seiner Kleidung auch gerade ins Gegenteil umschlagen. Das heißt, jemand, der sich schon als Kind besonders fein kleiden musste, kann deshalb als eine Art Rebellion besonders lässige oder gar schmutzige bis unordentliche Kleidung bevorzugen. Umgekehrt kann es jemandem ergehen, der aus einer Familie kommt, die sparen musste und dementsprechend keine Möglichkeit hatte, sich nach der neusten Mode zu kleiden, und der sich von daher immer anders fühlte als die anderen Kinder, die einem gewissen Stereotyp entsprachen. Für solch einen Menschen kann es besonders wichtig sein, teure Marken zu tragen und sich nicht mehr mit seiner Ursprungskultur identifizieren zu lassen – Subkultur müsste man hier eher sagen.

Subkulturen gibt es in dieser Form jede Menge. Denken wir an die Gothic-Mode, Punk-Mode, Rock-Mode, Popkultur usw. Diese Klassifizierungen sind besonders für junge Leute im Alter zwischen 12 und 18 Jahren wichtig, wenn sie ihre Pubertät durchlaufen und die Identität ihrer jetzigen Inkarnation und ihrem Lebensweg entsprechend noch zu finden haben.

Ich gehe so ausführlich auf diese Frage ein, um verständlich zu machen, dass Kleidung durchaus wahrgenommen wird. Wir haben bisher hauptsächlich über die inneren Werte gesprochen, über die Seele und die Wichtigkeit des Gefühls, dem gegenüber dem Verstand der Vorzug zu geben ist, und darüber, wie existenziell wichtig es ist, sein Herz zu öffnen, seinen Seelenkern zu spüren und mit anderen Menschen in Verbindung zu treten. Äußerlichkeiten haben wir bisher außer Acht gelassen.

Darum möchte ich in diesem Kapitel auf die Kleidung und auf das äußere Erscheinungsbild des Menschen eingehen. Noch einmal: Du musst dir nicht einbilden, dass deine äußere Erscheinung nicht wahrgenommen wird oder dass nicht automatisch mit dieser eine Assoziation zu dem erfolgt, was die Menschen von dir erwarten und wie sie dich als Typ und in eine bestimmte Klassenzugehörigkeit einordnen. Das geschieht automatisch, unbewusst, ohne dass jemand eine Absicht verfolgt, geschweige denn, eine böse Absicht. Diese automatisierte Einordnung entspringt einfach dem Instinkt des Menschen, um seine Umgebung unter Kontrolle zu halten, damit er sich nicht verloren fühlt. Klassifizierungen und Kategorisierungen sind noch etwas, das dem Menschen existentiell wichtig erscheint, um seine Situation als beständig zu erleben und bis zu einem gewissen Grad kontrollieren zu können. Dabei hilft ihm das Schubladensystem, in das er systematisch, spontan und unbewusst Menschen, Wesen allgemein und auch Situationen einordnet, die ihm begegnen oder geschehen. Man könnte diese Art und Weise auch als archaisch bezeichnen.

Wir möchten uns geistig hinwegheben über diese überholten Mechanismen. Wie kann das geschehen? Und warum ist es überhaupt wünschenswert? Spontan wirst du sicher sagen: „Natürlich ist es wünschenswert, denn ich möchte mich an den inneren Werten orientieren und mich nicht in Distanz zu dem wahren Menschen befinden, indem ich an seiner Äußerlichkeit haften bleibe." Dieser Gedanke ist einerseits richtig. Was aber andererseits zusätzlich ein wichtiger Punkt ist, der bisher wenig beachtet wird, ist, dass sich Kleidung über Jahrhunderte oder Jahrtausende sehr verändert hat. Heute hat sie oft wenig mit dem wahren Wesen eines Menschen zu tun.

In der Vergangenheit machte die Kleiderfrage durchaus Sinn, denn Kleidung war häufig ritueller Art, beeinflusst von der wahren Kultur eines Menschen, und hatte noch eine wahre Aussage, die im Zusammenhang mit der Individualität stand. Denken wir hier an die Kleidung der Priester, die noch ihrem wahren Wesen entsprach, an die der Handwerker, die reflektierte, welches Handwerk sie ausübten und entsprechend praktisch war, und an die Kleidung von Lehrern, Kindern, Schülern usw. Alles hatte seinen Sinn und Patz.

Heute ist Kleidung einer Art Verkleidung gewichen. Jeder kann jede Rolle jederzeit einnehmen und spielen und ungestraft Kleidung tragen, die ihm nicht zusteht und auch in keiner Weise seinem wahren Sein entspricht. Kleidung ist zu einer Art Kostümierung verkommen, die jeder nutzt, um bestimmte Rollen einzunehmen und seiner Umwelt etwas vorzuspielen, was nicht der Wahrheit entspricht, und wo sein Kostüm eher sein wahres Wesen verschleiert als es zum Ausdruck bringt.

Es kommt natürlich vor, dass sich jemand bewusst mit Farbenlehre beschäftigt und Stoffe wählt, die ihm angenehm sind, und sich bewusst Ausdruck auch durch seine äußere Erscheinung verleiht. Aber häufiger sind, wie gesagt, Verkleidungen und Kostümierungen. So tragt zum Beispiel ein junger Mann heute, wenn er sich besonders lässig vorkommen will, ein Holzfällerhemd oder eine Jeans wie früher nur Arbeiter, denen diese Art von Hose früher für ihre Arbeit praktisch war. Cowboystiefel machen Männlein wie Weiblein zu einem Cowboy oder einem

Cowgirl, wie sie in Amerika, im Wilden Westen, nur von Viehhütern getragen wurden, die die Herden von A nach B trieben. Damals war das durchaus keine Kleidung, die einen Menschen auszeichnete. Man schaute gesellschaftlich eher auf die Viehhüter herab. Heute gibt es hingegen eine Art Cowboyromantik, und die Menschen verklären die ehemaligen Viehhüter, weil sie als Menschen, die frei waren, angesehen werden. Cowboystiefel werden mit Freiheit assoziiert, und man stellt sich Lagerfeuerromantik vor, verbunden mit einer, je nach Wahl, Einsamkeit oder Geselligkeit mit anderen unter freiem Himmel, in Einheit mit der Natur und den Tieren.

Es gibt viele Beispiele dafür, wie die heutige sogenannte Mode alte Kleidungsstile aufgreift, um die Menschen mit weiteren Illusionen zu versorgen. Als ob es nicht schon genug davon gäbe… Ihr alle lebt in der Illusion, in der Maya, und ihr habt nichts anderes zu tun, als noch weitere Illusionen zu schaffen, anstatt euch durch Erforschung eures Selbst der wahren kosmischen Wahrheit anzunähern.

Sei du nun die Ausnahme in diesem Spiel. Ja, steige aus diesem Spiel aus. Beschäftige dich damit, wie du wirkst und ob das wirklich deinem inneren Selbst entspricht. Reflektiere dein Äußeres, wie du wirklich bist, und den Punkt, an dem du im Moment stehst: Was ist deine wahre Stimmung? Welche Farben passen zu dir? Wie fühlst du dich? Brauchst du bequeme Kleidung? Oder brauchst du elegante Kleidung, wenn du zum Beispiel offiziell tätig bist? Brauchst du robuste Kleidung, wenn du ein Handwerk ausübst? Oder brauchst du weiche Kleidung, die auf die Menschen freundlich wirkt, denen du vielleicht beruflich hilfst? Beachte auch die verschiedenen Situationen, in denen du dich befindest, sei es nachts oder tagsüber, entweder in der freien Zeit, zum Beispiel zu Hause, draußen, mit den Kindern oder beruflich. So können verschiedene Kleidungsstile durchaus ihren Sinn erfüllen. Ausschlaggebend ist, dass sie dir entsprechen.

Wundere dich nicht, wenn du dich nur in Grau, Braun oder Schwarz kleidest, dass du als triste, traurige, ältlich wirkende Person angesehen wirst. Möchtest du nicht strahlen? Möchtest du dir nicht selbst helfen, wenn du dich im Moment gar nicht so strahlend fühlst? Dass du auf dich blickst, an dir hinunterblickst, auf deine Ärmel, deinen Bauch, deine Beine und du freundliche und fröhliche Farben wahrnimmst, die genau das ausstrahlen, was du gerne fühlen und sein möchtest? Wähle dazu Material, das dir wirklich angenehm ist, nicht, weil es gerade modern ist oder es nichts anderes zu kaufen gibt. Du wirst immer etwas finden, was deinem Selbst wirklich entspricht. Wenn nicht anders möglich, suche dir Stoffe und lass dir das schneidern, was dir wirklich gefällt. Das ist kostengünstig überall möglich. Ja, du kannst auch selbst nähen. Es ist eine große Freude, etwas für sich selbst herzustellen oder der Familie und Freunden zu schenken, und mit Sicherheit eine sinnvollere Freizeitbeschäftigung, als sich der Unterhaltungselektronik hinzugeben (siehe Fernsehen, Computer usw.).

Also zurück zu den Wurzeln! Erinnere dich daran und mache dir klar, welchen Zweck Kleidung wirklich erfüllt. Gehe zurück in der Zeit und erinnere dich an die Wurzeln. Warum und wie ist Kleidung entstanden? Kleidung sollte wärmen, schützen. Sie sollte zur entsprechenden Witterung passen. Du solltest sie nicht etwa zu dünn oder zu leicht wählen, nur um hübscher auszusehen und dabei im Wind zu zittern, sondern passend und der Situation entsprechend. Spiele nicht etwas vor, was du nicht bist. Kleide dich nicht feiner, als du dich in Wirklichkeit fühlst. Warum willst du dich unwohl fühlen in feinem Zwirn, in dem du dich nicht bewegen kannst und die ganze Zeit das Gefühl hast, du nimmst eine Rolle ein wie ein schlechter Schauspieler, der diese Rolle gar nicht ausfüllt? Hab Mut, sei du selbst. Sei wie du bist und nutze die Momente der Selbsterforschung immer auch dazu, die Ergebnisse dieser Forschung nach außen sichtbar zu machen. Zeige dein wahres Gesicht in jeder Situation. Sei du selbst, sei zentriert und reflektiere das auch durch deine Kleidung.

Und wie siehst *du* nun die anderen Menschen? Lässt du dich blenden vom äußeren Schein? Kategorisierst du die Menschen schon im ersten Augenblick, wenn du sie siehst, vor allem nach ihrem Erscheinungsbild, ihrer Kleidung? Wahrscheinlich ja. Es ist schwer, sich dagegen zu wehren, weil es von der Menschheit viele hundert oder sogar tausend Jahre trainiert worden ist. Das ist nun ein Teil deines Trainingsprogramms: dich zu lösen vom äußeren Schein und von alten Illusionen darüber, dass du irgendetwas unter Kontrolle bringen oder dich sicherer fühlen kannst, indem du die Dinge in Klassensysteme einordnest.

Nutze also die Momente, in denen du neue Menschen kennenlernst oder dich in neuer Gesellschaft befindest. Vielleicht auch in einer Gesellschaft, die deinem täglichen Umfeld nicht entspricht. Tritt mental einen Schritt zur Seite, schau dir alles an, freue dich auch an einem schönen Anblick und fühle dich ein, ob das, was die Leute nach außen ausstrahlen möchten, auch ihrem inneren Wesen entspricht. Das kann ein lustiges Gesellschaftsspiel sein, an dem ich mich früher selbst oft erfreut habe. Besonders interessant und einfach ist es in fremden Kulturen, weil man dort nicht so stark von der Konditionierung dieses Lebens beeinflusst ist. Möglich ist es aber immer und überall. Natürlich sollst du niemanden beleidigen. Es ist nicht Sinn der Sache, die Ergebnisse deiner inneren Erforschung anderen mitzuteilen und sie zu kränken, indem du sie in einer entlarvenden Form ansprichst. Lass die Larve Larve sein. Es geht hier nur um dich. Und damit wirst du genug zu tun haben, keine Sorge.

Noch einmal: Es gibt hier zweierlei Aufgaben für dich. Erforsche dich selbst im Hinblick auf deine Erscheinung und schau genau auf die Erscheinung der anderen und wie sie auf dich wirkt. Trainiere, durch diese äußere Schicht hindurchzuschauen und das Innere wahrzunehmen. Tritt in Verbindung zu deinen Mitmenschen über Kleidungsfragen und diese Grenzen hinaus. Nach und nach wird es dir immer leichterfallen, die Automatismen abzubauen, denen du bisher ausgeliefert warst, auch in der Beurteilung des Erscheinungsbilds deines Gegenübers.

Wenn du noch weitergehen möchtest, kannst du dich auch mit anderen Menschen über dieses Thema unterhalten. Die meisten sprechen gerne über Kleidung. Männer geben das oft nicht zu, aber sie sind auch sehr eitel und befassen sich gerne mit ihrem äußeren Erscheinungsbild. Nähere dich diesem Thema also humorvoll und sprich einfach von dir, was du bei dir für Entdeckungen gemacht hast, dass dich dieses Thema neuerdings interessiert und du vermittelt bekommen hast, dass dieses Thema, das zuerst einmal oberflächlich erscheint, erstaunlich viel mit dem Grundproblem der Menschheit zu tun hat, nämlich das Äußere vom Inneren zu unterscheiden.

Ich spreche hier vom äußeren Schein. Den Wesenskern in dir und in anderen zu entdecken und im nächsten Schritt zu erkennen, dass dieser identisch ist, ist eine große Aufgabe. Und hiermit habe ich dir eine Möglichkeit beschrieben, wie du dich ihr in leichter Art und Weise und ohne große philosophische Kenntnisse annähern kannst. Eigentlich bist du bereits Experte in dieser Frage. Du tust schon dein ganzes Leben lang, seit du klar denken kannst, spätestens aber seit dem Schulantritt, nichts anderes mehr, als dich mit deiner Wirkung in der Außenwelt zu beschäftigen.

Du solltest keine Kleidung tragen, die dir jemand hinterlassen, vererbt oder geschenkt hat, wenn sie schon getragen ist. An gebrauchter Kleidung haftet auch viel von den anderen Menschen. Sie entspricht dir nicht. Kleide dich nicht in etwas, das dir nicht entspricht. Das gilt auch für deine alte Kleidung. Sieh deinen Kleiderschrank kritisch durch und miste gleich gnadenlos alles aus, wovon du sofort bemerkst, dass das nicht mehr du bist. Es ist nicht das, was du reflektieren möchtest? Dann weg damit. Belaste nicht andere Menschen mit der Kleidung. Natürlich kannst du sie segnen und weitergeben an einen Kleiderfonds und denen schenken, die wirklich nichts anderes zum Anziehen haben. Aber kopple gleich den Wunsch an die Kleidung, dass derjenige sie finden und bekommen möge, zu dem sie auch passt, dem sie entspricht und dem sie vielleicht sogar hilft, sich selbst besser auszudrücken und sein Inneres nach außen zu tragen. Das heißt, er ist nicht gezwungen, Kleidung zu tragen, nur um etwas am Körper zu haben, zum Beispiel als Schutz vor Kälte oder um sich zu bedecken. Deine Kleidung sollte den Weg zu jemandem finden, für den sie wirklich eine

Bereicherung ist, in der Form, dass sie ihm hilft, sein Erscheinungsbild wahrheitsgemäß und sich selbst entsprechend auszudrücken.

Kannst du dir nicht selbst Kleidung herstellen oder neu kaufen, die dich begeistert? Siehst du dich gezwungen, getragene Kleidung anzunehmen, so bitte umgekehrt genau um das, was ich gerade beschrieben habe. Trage nur etwas, was wirklich dein Inneres nach außen zum Strahlen bringt. Es ist nicht nötig, dass du 10, 15 oder 20 Kleidungsstücke besitzt. Besitzt du nur ein einziges Kleidungsstück, das in deinen Augen wirklich schön ist, so wasche es einfach jeden Abend und trage es am nächsten Tag wieder. Das ist wesentlich besser, als eine große Auswahl zu haben, die nichts zu tun hat mit deiner wirklichen inneren Qualität. Du würdest somit nur die Verkleidung und Kostümierung weiterführen und eine Rolle spielen, die du vielleicht gar nicht einnehmen möchtest. Unbewusst wirst du dich dann die ganze Zeit unwohl fühlen. Wie ein Schauspieler in einer Rolle, die er am liebsten nicht angenommen hätte.

Noch einmal: Sieh dich nicht aus finanziellen Gründen gezwungen, etwas anzunehmen. Das gilt auch für andere Dinge, nicht nur für Kleidung. Du wirst feststellen, wenn du wirklich in dein Inneres schaust, wie wenig du wirklich brauchst. Etwas anzunehmen, einfach aus der Angst heraus, nicht genug zu haben, nicht versorgt zu sein, ist ein Zustand, der in der heutigen Zeit nicht mehr vonnöten ist. Das ist vorbei. Löse dich von diesen altmodischen Vorstellungen bezüglich Mangel. Du wirst immer versorgt. Vertraue in Gott, vertraue auf dein inneres Selbst.

Alles Leid auf dieser Erde entsteht aus der Illusion des Mangels: nicht genug zu haben, sei es an Materiellem, an Liebe, Geborgenheit, auch an menschlicher Wärme, wie von den Eltern, der Familie oder Freunden. Dass von all dem nicht genug vorhanden ist, ist reine Illusion, die genau das hervorruft: dass der Mensch eine entsprechende Erfahrung macht. Mache dir klar, dass die Erfahrungen von dir selbst herbeigerufen werden und du in Resonanz mit einer Situation gehst, die du selbst verursacht hast. Mache dich also frei von den Vorurteilen, die bereits beschrieben wurden, sowie von allen anderen.

Erschaffe dich neu, sei wieder ein Kind, das noch nichts weiß, mit freiem Herzen, einem freien Kopf und einem Gedächtnis, das so wenig wie möglich beinhalten sollte. Mache die Augen auf und schaue bewusst und frei in die Welt, ohne einzwängende Mechanismen, die dich zwingen, automatisch bestimmte Sichtweisen einzunehmen oder Handlungen zu vollziehen. Lass alles neu auf dich wirken, als ob du es noch nie gesehen hättest. Sieh jeden Menschen so, also ob du ihn noch nie gesehen hättest. Somit gibst du ihm und auch dir die Chance, ihn jetzt so wahrzunehmen, wie er jetzt und hier ist. Nicht wie er gestern war oder wie du ihn gestern wahrgenommen hast. Das ist keinesfalls das Gleiche. Sieh ihn jetzt: vorurteilsfrei, urteilsfrei, ohne ihn in Klassen einzuordnen und in eine Schublade zu stecken. Sieh ihn wirklich so, als ob du ihn noch nie gesehen hättest. Sieh das Äußere, und dann fühle und sieh das Innere. Und fühle, egal, wie unterschiedlich euer Äußeres auch sein mag, dass ihr miteinander verbunden seid und in Wirklichkeit eins seid. Eins mit Allem-was-ist. In einer Einheit mit Gott, mit der Erde und allem, was sich darauf befindet, und mit dem gesamten Kosmos, bis in die Unendlichkeit. Spüre, wie du ein Teil dessen bist, winzig klein im Verhältnis zur Unendlichkeit, und doch so groß und bedeutend, dass du den Ausschlag gibst. Denn der Kosmos wäre ohne dich nicht dieser Kosmos.

Liebe dich selbst und den anderen, und gib den anderen die Chance, dich zu lieben. Sei du selbst, setze deine Grenzen. Die anderen werden sie achten, wenn du sie achtest. Bleib dabei offen für das, was dir angeboten wird. Fühle die Berührung der anderen. Fühle ihre sowie deine Freude, wenn sich euer inneres Wesen berührt und euch weit über die Grenzen eures äußeren Erscheinungsbilds hinaus verbindet.

Achte und wertschätze jeden in seiner Rolle, in der er sich befindet. Solltest du das Gefühl haben, dass seine Rolle und sein wahres Wesen nicht übereinstimmen, so segne ihn, wünsche ihm nur das Beste und gehe deinen eigenen Weg. Es ist nicht deine Aufgabe, jemanden zu verurteilen oder verändern zu wollen oder zu müssen. Wenn du an der Erforschung deines Selbst und an deiner Reinigung arbeitest, bis du dein wirkliches Wesen erreichst, wird deine Seele vor Freude vibrieren. Dann werden diese Vibrationen alle anderen von allein erreichen, ohne dass du etwas erzwingen müsstest. Resultate, die anders erzielt werden, wären sowieso nur eine weitere Illusion. Wahre Berührung geschieht immer von allein. Und davon gibt es viel mehr, als dir oft bewusst ist. Weil du deinen Geist einsperrst, kontrolliert durch deinen Verstand, der doch so gerne die Welt, mindestens aber deine Umwelt, kontrollieren möchte, um sich in Sicherheit fühlen zu können.

Löse also diese künstlichen Grenzen. Verkleide dich nicht, sondern sei du selbst, mit allen Teilen deiner selbst, die du gemäß deiner Tätigkeiten und den verschiedenen Situationen, in die du dich begibst, anpasst, so, wie du dich wohlfühlst in

Übereinstimmung von innen und außen. Modediktate und Meinungen oder die Art, wie andere dich aufgrund dessen ansehen, sind hier völlig unbedeutend. Du wirst feststellen, dass du mit fortschreitender Übung von der Meinung anderer immer unabhängiger wirst. Ja, es kann sogar lustig sein, dieser nicht zu entsprechen. Das ist keine Aufforderung zur Rebellion, denn etwas zu tun oder zu demonstrieren, nur um zu schockieren oder anzuecken, ist genauso destruktiv, wie etwas zu tun oder zu sein, nur um anderen zu gefallen. Noch einmal: Bleib du selbst, zentriere dich und strahle von deinem Zentrum aus.

Strahle, und du wirst die Welt erleuchten, allein durch das, was du bist. Ganz einfach: Die Wahrheit zeigt sich in überraschender Schlichtheit. Die größten Weisheiten erkennst du an der größten Einfachheit. Und so gilt auch bei diesem Thema, dass alle übertriebenen Verzierungen überflüssig sind. Reduziere dich also auf deine Größe und mache dich nicht kleiner durch zusätzliche Behänge, sei es an deiner Kleidung oder durch Schmuck, die keinen Zweck erfüllen, außer wieder neue Illusionen zu erschaffen. Und diese brauchst du ganz gewiss nicht. Trage die Wahrheit deines Wesens in einfacher Schlichtheit nach außen, dann wirst du eine Würde ausstrahlen sowie eine natürliche Eleganz, die deinem wahren Wert entsprechen. Erfreue dich einfach an der Schönheit. Du erschaffst sie von ganz allein.

7. Warum meine Ideen mein Leben bestimmen

Ideen – was meine ich überhaupt damit? Hier sind nicht die Ideen gemeint, die vom Kopf bestimmt sind, die kommen und gehen, wie ein Wind weht, von rechts nach links. Nein, hier geht es um grundsätzliche Ideen, die du hast und meinst, in dein Leben integrieren zu müssen. Ideen, die dein Leben bestimmen, weil du sie als Orientierung und als Rahmen deines Lebenswegs gewählt hast. Diese Ideen können im Laufe deines Lebens durchaus wechseln. Vielleicht hast du bestimmte Ziele, Etappenziele, bereits erreicht. In bestimmten Zeitabschnitten, früher oder später als gedacht. Manche Idee kann auch durch dein ganzes Leben hindurch bestimmend sein, zum Beispiel, wenn du eine Erfahrung machen möchtest, wie Mutter oder Vater zu sein. Sobald du ein Kind geboren hast, wirst du es im Normalfall sein ganzes Leben lang begleiten. Und die Idee in dieser Rolle als Vater oder Mutter wird dich dein ganzes Leben lang begleiten, so, wie du dein Kind begleitest und beschützt.

Schutz ist hier ein wichtiges Stichwort. Auch deine Ideen schützt du, denn sie sind eine Stütze für dich, eine Orientierung auf deinem Lebensweg. Warum hast du dich als Seele, als Individuum, in diesem Leben inkarniert? Im Jenseits, in der Welt jenseits der materiellen Welt, hattest du eine bestimmte Vorstellung von der Form, in der du dein materielles Leben bestreiten möchtest. Was war dein Ziel? Warum hast du diese Zeit gewählt, diese Epoche, diese Kultur, dieses Land, diese Sprache, die du sprichst, und dein Umfeld? Deine Familie besteht aus den Seelen, die dich in der Art der Inkarnation begleiten, die *sie* wiederum für diesen Zeitraum gewählt haben. Zu deiner Wahl gehören auch deine Freunde und Kollegen und dein gesamtes weiteres Umfeld.

Von einigen dieser Bedingungen kannst du dich freimachen, gerade wenn du dich darin übst, immer bewusster zu werden und aufzuwachen aus dem Traum, den du dir ursprünglich gewählt hattest. Bestimmte Ideen sind aber der Grund deines Hier- und Daseins. Also, warum solltest du dich von ihnen freimachen? Mancher mag denken: „Warum hat er oder sie sich ein solch schweres Leben gewählt? Warum muss es so problematisch sein, so schwierig? Warum sind viele Dinge scheinbar so blockiert? Man bräuchte die Blockaden nur aus dem Weg zu räumen, und schon wäre das Leben so leicht, wie eine Rutschbahn hinunterzurutschen. Man wird geleitet von der Bahn, rechts und links gehalten, und es geht einfach nur abwärts. Ganz einfach und ganz natürlich." Ja. Aber ein einfaches Leben ist zum größten Teil nicht das, was du dir gewählt hast. Die meisten Menschen wählen sich ein Leben, in dem bestimmte Probleme auftauchen *sollen*. Von daher ist es auch nicht empfehlenswert, dass du, in welcher Funktion auch immer, versuchst, anderen Menschen alle ihre Probleme aus dem Weg zu räumen: als Vater oder Mutter, als Geschwister, Freund, als Kollege oder auch beruflich, wenn du zum Beispiel in der Seelsorge, als Lehrer oder im Heilbereich tätig bist. Dadurch würdest du dem Menschen zu einem großen Teil seinen Lebensweg, so, wie er ihn sich wünscht, abschneiden.

Du kannst im Grunde auch nicht jemanden von Problemen befreien, die er sich selbst geschaffen hat, um dieses Leben interessant zu gestalten. Er möchte bestimmte Ziele erreichen, bestimmte Erfahrungen machen und seinen Erfahrungsschatz bereichern, um eine bestimmte Seelenreife herzustellen. Werde dir dessen bewusst. Es ist dir mit Sicherheit hilfreich, wenn du beginnst zu verzweifeln, wenn einer deiner Mitmenschen, der dir am Herzen liegt, in Schwierigkeiten zu versinken droht. Stehe ihm zur Seite, ja. Rate ihm, wenn er dich darum bittet, aber lass ihn sein. Lass ihn sein in dieser Form, in der Situation, die er sich wünscht. Du wirst auch merken, dass im Endeffekt an einem Menschen, der deine Hilfe überhaupt nicht wünscht und in sein Leben nicht integrieren möchte, alles abprallt. Wenn du dich auch noch so sehr fragst, warum er keinen kürzeren Weg nimmt, viele Umwege geht, Schmerzen wählt und sich selbst doch nur zu schaden scheint, so akzeptiere und toleriere, was er sich gewählt hat. Freue dich für ihn, dass er es geschafft hat, bestimmte Erfahrungen zu machen.

Ein Baby kann sich nach seiner Geburt noch nicht viel alleine bewegen. In den nächsten Stufen ist es ihm möglich, sich auf Rücken und Bauch zu drehen, dann zu krabbeln. Und erst danach kann es sich erheben und eigene Schritte laufen, zunächst an der Hand und später ohne Unterstützung. Du kannst also nicht Entwicklungsstufen überspringen, die notwendig sind, um die nächste Stufe zu erreichen. Das hat nichts mit Wertigkeit zu tun, sondern folgt einer ganz natürlichen Entwicklung. Du würdest auch nicht erwarten, dass ein sieben Monate altes Baby bereits laufen kann. Also, warum erwartest du von deinem Mitmenschen, dass er bestimmte Fähigkeiten und Fertigkeiten, für die er überhaupt noch nicht bereit ist, bereits mitbringt? Diese Dinge sind sehr individuell, genauso, wie Seelen auf verschiedenen Entwicklungsstufen stehen, weil sie einfach unterschiedlich alt sind und sich verschiedene Ziele gesteckt haben. Manche wählen sich für ihr Leben einige wenige Herausforderungen, andere dagegen geben sich das volle Programm. Hier ist nicht das eine mehr wert als das andere oder besser oder schlechter. Es ist einfach so, wie es ist. So ist es gewählt worden, und du kannst nur zuschauen, wie jemand seinen Lebensweg geht, und ihm zur Seite stehen.

Solltest du ein Kind haben, wirst du natürlich seine Kindheit nach bestem Wissen und Gewissen begleiten, und es wird dir nichts anderes übrigbleiben, als Entscheidungen für das Kind zu treffen. Aber achte auch hier jederzeit das Individuum und die individuellen Fähigkeiten und Fertigkeiten deines Kindes. Enge es nicht ein, quäle es nicht, fordere von ihm auch nicht mehr, als es bereit ist, zu geben oder geben kann. Jedes Kind ist anders. Freue dich über jeden Schritt, den das Kind tut. Freue dich mit ihm, wenn es sich freut, worüber auch immer, auch wenn es dir noch so überflüssig scheinen mag. Achte also die Persönlichkeit deines Kindes. Begleite es, aber manipuliere es nicht. Zu Beginn hast du es auch vor körperlichen Schäden zu schützen, aber mit jedem Schritt, den es weiter in die Selbstständigkeit geht, mache den Weg frei. Stell dich ihm nicht in den Weg. Es hat seine eigenen Ideen, mit denen es sein Leben bestimmt.

Das ist eine ganz wichtige Botschaft, denn viele Eltern glauben, ihre Existenz dadurch legitimieren zu müssen, dass sie auf das Kind besonders einschränkend wirken. Einfach, damit ihnen, wenn etwas passiert, niemand vorwerfen kann, dass sie nicht alles getan hätten, um es zu verhindern. Vertraut als Eltern bitte auf euren inneren Instinkt, euren Impuls, und folgt auch hier, wie bei allem anderen, eurer inneren Führung und eurem Gefühl, das sich durch euer Herz ausdrückt.

Wir haben schon im Kapitel „Das Herz und seine Geschichte" über das Herz gesprochen. Projiziere also nicht deine eigenen Ängste auf dein Kind und kopiere nicht das Fehlverhalten deiner Eltern, indem du das gleiche anwendest. Arbeite an dir, sodass du reinen Herzens abwägen kannst, wo Unterstützung wirklich notwendig ist, oder wo du dein Kind wirklich freilassen kannst. Lass dich hier nicht von anderen irritieren, die nur Angelesenes beziehungsweise gesehene oder erlebte Verhaltensweisen kopieren. Sie wissen es nicht besser. Tritt auch hier nicht besserwisserisch auf, als ob du die Weisheit „mit Löffeln gefressen hättest". Sprich einfach davon, wie du es machst. Oder, noch besser: Sei einfach so, wie du bist, und tue es so, wie du es tust. Wie auch in anderen Lebenssituationen gibst du damit das beste Beispiel. Du brauchst anderen keine Vorträge zu halten. So etwas mag niemand. Sei dein eigener Lehrmeister und lass die anderen ihr eigener sein. Jeder muss die Entscheidungen für sich treffen. Vergiss nicht: Jedes Kind hat seinen Platz und seine Familie selbst gewählt. Familien machen Entwicklungen gemeinsam und lernen voneinander. Das geschieht normalerweise nicht von heute auf morgen. Bedenke auch hier wieder: Abkürzungen sind nicht erwünscht! Warum willst du sonst so lange leben? Doch wohl deswegen, damit du deine Ideen umsetzen und deine Vorstellungen durch dein Leben hindurch entwickeln kannst. Gestehe dieses Recht auch anderen zu.

Nun magst du manchmal Ideen haben, die dir morgen schon nicht mehr so genial vorkommen wie heute. Du machst eine Kehrtwende oder gehst statt nach rechts nach links beziehungsweise entscheidest dich um. Lass dir hierbei nicht einreden, dass du vorher einen Fehler gemacht hast oder jetzt einen Fehler machst, nur weil du deine Meinung oder deine Vorstellung über etwas änderst, sei es nun hinsichtlich einer Situation, eines Zustands oder über andere Menschen. Das ist ganz normal und deiner Lebenserfahrung zu verdanken. Manchmal hast du Impulse, die dich aus der Vergangenheit beeinflussen. Oft über Nacht, da du auch des Nachts (aus der Geistigen Welt) geschult wirst, änderst du deine Meinung aufgrund der Tatsache, dass du mehr Informationen oder anderes Wissen zu dem Gegenstand deiner Ideen bekommst. Vielleicht hat sich eine Tür geöffnet, sodass du einfach nur deinen Horizont erweitert hast und einen anderen Blick auf die Dinge bekommst. Dann ist es ganz natürlich, dich umzuentscheiden. Lass dir hierbei nicht von anderen sagen, dass du wankelmütig wärst, sondern lass dich mit dem Fluss treiben, mit dem Fluss des Lebens, der dir den einzig richtigen Weg zeigt. Du bist immer im Jetzt, aber es geht auch immer nach vorne.

Blicke nicht zu viel zurück, nur insofern, wie du etwas zu bereinigen hast. Hänge nicht der Vergangenheit nach, verschwende deine Zeit nicht mit dem, was war, sondern freue dich darüber, *dass* es war, und vor allem darüber, was jetzt ist. Genauso wenig hänge mit deinen Gedanken ständig in der Zukunft, sodass du immer nur planst, träumst und dir Vorstellungen machst, was sein könnte, würde, usw., indem du alle Möglichkeiten abwägst. Sei im Jetzt und vertraue auf die Signale, die du jetzt bekommst. Morgen kann schon alles ganz anders sein. Also, was helfen dir die Szenarios, die du dir bereits heute ausmalst? Sie sind nichts anderes als Fantasien, mit denen du Wirklichkeiten schaffst, die nur in deiner Gedankenwelt existieren und sich deswegen noch lange nicht realisieren müssen. Fokussiere dich lieber auf das Hier und Jetzt und was in deinem Leben auftaucht, sei es in Form von Situationen, in die du kommst, Begegnungen, die du hast, oder Signale oder Informationen, die von allen Seiten zu dir gelangen.

Hierzu ist kein großes Streben notwendig. Du brauchst den Aufgaben nicht hinterherzulaufen, denn sie kommen von alleine zu dir und bieten sich an. Das sind dann die Aufgaben, von denen du weißt, dass du dich ihnen zu stellen hast. Natürlich gibt es unendlich viele Aufgaben auf der Welt. Du kannst dich wie ein Kreisel in alle Richtungen drehen und dich überall verausgaben. Die Frage ist nur, ob du nicht auf all diesen Umwegen deine wirklichen Ziele aus den Augen verlierst. Dann brauchst du wirklich ein langes Leben, um die Etappen zu durchschreiten, die du dir eigentlich vorgenommen hattest, um dich mit den Ideen zu vereinigen, die deinen Lebensweg wirklich bereichern.

Erfreue dich an jedem Tag an den Ideen, die du hast, auch an den spontanen. Gib dich ihnen für den Moment hin. Öffne dein Bewusstsein und bleibe wach dafür, ob sie tatsächlich mit den grundsätzlichen Ideen deines Lebens übereinstimmen. Verwirf nicht voreilig scheinbar Verrücktes, das dir in den Kopf kommt, aber folge auch nicht blindlings allen Impulsen. Im ersten Moment kannst du oft noch nicht wissen, woher sie kommen. Es kann sein, dass sie dir von deinen Mitmenschen unbewusst auf telepathischem Weg gegeben wurden oder aus alten Ängsten herrühren. Vielleicht aus Erwartungen, die bewusst an dich herangetragen wurden. Oder du hast etwas gelesen, das dich im ersten Moment mitreißt. Warte einfach auf den nächsten Tag, und du wirst merken, ob sich das Ganze in der Nacht, im Schlaf, in dir gefestigt hat, oder ob du nur einer frischen Brise kurz gefolgt bist, die dich aber bald wieder auf deinen eigentlichen Weg zurückbringt – auf den Weg zur Reife deiner Seele.

Gib dich mit Freuden all diesen Bewegungen hin, genieße jeden Tag. Bei allen Problemen und Schmerzen, die in deinem Leben auftauchen, frage dich: Was sagen sie mir? Welche Bedeutung hat eine Situation für mich? Lehne nicht instinktiv, spontan, unangenehme Dinge ab, die auf dich zukommen und denen du Widerstand entgegenbringen möchtest. Widerstand heißt, dass du dich dem Leben entgegenstellst. Das Leben präsentiert sich dir immer so, wie es eben jetzt gerade ist. Wie willst du dich dem entgegenstellen?

Du bist ein kleiner Teil von Allem-was-ist. Die Menschen sind miteinander verwoben wie viele kleine Teile eines Teppichs. Keiner kann ohne den anderen funktionieren, und sie sind in ständiger Interaktion miteinander. Es ist eine unglaubliche Intelligenz, die hinter all diesen Bewegungen steckt. Manchmal weißt du längere Zeit nicht, warum dieses und jenes geschehen ist und wie alles zusammenhängt. Sicher wird es dir oft unfassbar erscheinen, wie sich dann diese Dinge auflösen und ganz anders erscheinen können. Plötzlich kommt wieder Licht ins Dunkel, und alle Fäden führen zu einem Punkt zusammen, an dem alles klar wird.

Sei dir bewusst, dass du immer Hilfe hast. Du wirst von oben, aus der Geistigen Welt, nicht blind gesteuert, sondern deine geistigen Führer können nur auf deinen Wunsch hin eingreifen, wenn du dich dafür öffnest. Du bist der Steuermann in deinem Leben. Wenn du in ein Unglück rennen *willst*, dann kann dich niemand daraus retten. Mache also nicht Gott dafür verantwortlich, wenn Schlimmes auf der Welt geschieht. Die Individuen, die sich inkarniert haben, gestalten ihr Leben selbst. Die Geistige Welt ist immer bereit zu helfen, Energie, Informationen zu geben, dein Herz zu erwärmen und deine Kraft zu stärken. Sie kann es aber nicht ungefragt tun. Hadere also nicht mit deinem Schicksal. Schimpfe nicht auf die Widrigkeiten, die dir geschehen.

Tritt mental einen Schritt zurück. Lehne dich zurück, vielleicht auch physisch, um die Anspannung aus deinem Körper zu nehmen. Atme, entspanne dich und gib dich hin. Öffne deinen Geist für die Hilfe, die da ist. Vielleicht kannst du gut Bilder sehen? Vielleicht kommen Visionen oder Filme in deinen Kopf? Vielleicht hörst du oder siehst Farben? Vielleicht spürst du plötzlich intuitiv, was zu tun ist und was dir guttut? Sei bereit, auch körperlich Hilfe und Heilung zu empfangen und öffne dein Herz für die dich umgebene Kraft – die universelle Energie, die jederzeit da ist, um dich zu nähren.

Du kannst die Quelle von Allem-was-ist jederzeit visualisieren und für dich nutzen. Denn diese Energie ist unerschöpflich, und du bist ein Teil davon. Da du dir in Form dieses Körpers materielle Barrieren geschaffen hast und Grenzen manifestierst, die dich nach außen abschotten, bist du nicht ständig für die dich umgebende göttliche Kraft empfangsbereit. Übe dich also darin, dich zu deinem höchsten und besten Wohl durchlässig zu halten. Setze Grenzen für Fremdenergien, die sich deiner bedienen wollen. Halte dich klar, rein und offen, nur zu deinem höchsten und besten Wohl. Solltest du einmal feststellen, dass etwas in dich eindringt, das dir nicht guttut, in welcher energetischen Form auch immer, so geleite es mit Liebe ins göttliche Licht. Das können auch physische Formen wie Bakterien und Viren sein oder größere Formen wie Parasiten oder sogar Fremdseelen.

Visualisiere den Lichtkanal, der nach oben ins göttliche Licht führt, und befreie dich sanft von Fremdenergien, indem du sie in Liebe hineinleitest. Sieh, wie um dich eine schützende Schicht aus lichtvoller Energie ist, die dich wie ein wärmender Mantel umhüllt und dich nährt.

Vielleicht hilft es dir auch, dir deine Energiezentren vorzustellen. Mache dir klar, dass du sie jederzeit öffnen und reinigen kannst. Hierbei ist es am einfachsten, mit den sieben Hauptzentren zu arbeiten: dem 1. Chakra/Erdchakra, dem 2. Chakra/Sexualchakra, dem 3. Chakra/Solarplexus, dem 4. Chakra/Herzchakra, dem 5. Chakra/Kehlkopfchakra, dem 6. Chakra/Drittes Auge und dem 7. Chakra/Kronenchakra. Mit letzterem öffnest du dich für die göttliche Kraft.

Am besten ist es, du trainierst die Empfangsbereitschaft all deiner Chakren, sodass du zwischen Himmel und Erde mit Allem-was-ist verbunden bist. Besonders wenn du dein Kronenchakra visualisierst und öffnest, wirst du vor deinem inneren Auge sehen, also mit dem 6. Chakra, wie du mit dem Licht verbunden bist. Es wird dir umso leichterfallen, durch das Kronenchakra Eingebungen aus der Geistigen Welt zu bekommen. Diese Eingebungen werden deine Ideen unterstützen. Denn dein Plan, dein Lebensplan, findet in der Geistigen Welt Unterstützung. Zu diesem Leben hast du dich vor deiner Geburt entschieden, mit dem Ziel, bestimmte Erfahrungen zu machen. Die Geistige Welt ist nur zu gerne bereit, dich dabei zu unterstützen. Keine wirkliche echte Stimme würde versuchen, dich davon abzubringen.

Anleitungen dazu, wie du diese Ideen und Ziele am besten verwirklichen kannst, gibt es wiederum individuell für dein Leben, wenn du gezielt nachfragst. Wenn du deiner inneren Führung vertraust und dir deiner geistigen Führung bewusst bist, kannst du beeinflussen, wie schnell oder langsam du Etappenziele erreichst. Keine Angst, es ist nicht so, dass du, wenn du das angestrebte letzte Ziel erreicht hast, dann sterben müsstest und du aus dem Grund, weil du noch länger leben möchtest, die Erreichung dieses Ziels hinausschieben müsstest. Du hast dir genug für dieses Leben vorgenommen, und es gibt immer noch viele Möglichkeiten, wie es weitergehen kann, aber nicht muss. Der Tod wird dich nicht ereilen, wenn deine Seele unvorbereitet ist. All das hast *du* festgelegt.

Ein scheinbar überraschender Tod eines Mitmenschen, von dem auch er selbst überrascht wird, ist eine Illusion, verbunden mit der Täuschung des Lebens. Manch einer ist vielleicht nicht wach genug, um kurz vor seinem Tod zu erkennen, was geschieht und wohin er geht. Sollte es so sein, ist auch das als Teil seiner Lebenserfahrung gewählt. Kein Tod kommt wirklich überraschend. Der Tod ist nichts weiter als der Übergang vom irdischen Leben ins Jenseits, in die Geistige Welt, wo der Mensch seinen physischen Körper wie einen Mantel abstreift, den er nicht mehr braucht, und dankend die Materie wieder in Energie umwandelt. Nichts geht wirklich verloren. Die Erkenntnis und die Abrechnung, was wirklich geschehen ist, kommt dann in der Geistigen Welt, und darauffolgend auch die Entscheidungen, was für ein nächstes Leben passend wäre, um darauf aufzubauen. Irgendwann wirst du dich dann entscheiden, kein weiteres irdisches Leben mehr zu leben, sondern den

Lebewesen aus der Geistigen Welt heraus zu dienen und andere Aufgaben zu übernehmen.

Glaube nicht, dass das Leben auf der anderen Seite nur ziellose Freude ist. Natürlich ist diese Art zu leben nicht mit dem irdischen Leben zu vergleichen. Dein Wissen ist dort größer, und du hast einen ganz anderen Überblick über das, was geschieht. Zeit und Raum spielen keine Rolle mehr. Und doch begleitest und beschützt du von dort aus alles Leben, sei es auf der Erde oder woanders. Du findest deine Nische, deinen Platz, an dem du dich gut und nützlich fühlst, und gibst deine Kraft aus der Geistigen Welt heraus für die Entwicklung der Erde und des Universums. Hinter all dem steckt noch ein viel größerer Plan, den man auch auf den ersten drei Stufen der Geistigen Welt nicht zu durchdringen vermag. Ja, auch in der Geistigen Welt gibt es noch Abstufungen des Bewusstseins und der gebündelten Kraft, die einem geistigen Wesen zur Verfügung steht. Somit sind auch entsprechende Unterschiede in der Verantwortung zu tragen. Die geistigen Wesen sind von der Entwicklung, die die irdischen Wesen machen, abhängig und dadurch eng mit ihnen verbunden. Sie haben den großen Wunsch, zu helfen, zu begleiten und bei der Vervollkommnung der Seelenerfahrungen zur Seite zu stehen. Eine Seele möchte sich erfahren, wie sie ist, in allen Facetten, und sich als *Leben* ausdrücken und erleben. Dabei ist kein Tag verloren und kein Tag zu viel. Zeit spielt keine Rolle in der Unendlichkeit, dessen Teil wir alle sind.

Mache dir bewusst, dass du ein Lichtwesen bist, weitaus mehr als dein Körper. Deine geistige Kraft drückt sich durch die Ideen aus, die du lebst. Diese Ideen drückst du wiederum durch die Wahl aus, die du im Leben triffst. Bei den vielen Möglichkeiten, die dir zur Verfügung stehen, kanalisierst du diese in die Richtung, die gerade dir bei der Verwirklichung deiner ureigenen Lebensziele hilfreich und dienlich ist. Es ist also vollkommen klar, dass die Welt ohne dich nicht die gleiche wäre. Denn dich gibt es nur einmal. Nicht nur in der äußeren Form deines Körpers. Nicht nur in der inneren Form dessen, was du ausstrahlst. Natürlich bist du eine individuelle Seele. Aber darüber hinaus ist es wichtig, dass du das Universum durch die Ideen mitgestaltest, die gerade du, und nur du, als für dich lebensbestimmend gewählt hast. Damit besetzt du einen Platz im Universum, den es nur einmal gibt. Es ist dein Platz. Es ist hierbei nicht von Belang, welchen Beruf du in deiner physischen Erscheinung ausübst. Magst du eine Reinigungskraft oder ein Staatspräsident sein, dich in *dieser* Form gibt es nur einmal.

Es ist nicht von deinem Beruf abhängig, welche Kraft und Energie du in die Welt gibst. Ja, gerade die größten Kräfte wirken oft im Stillen. Sie erscheinen nicht in den Medien, haben unbekannte Namen und sind nicht immer von Positionen bekleidet, die dann in der aufgeschriebenen Geschichte eine große Rolle spielen. Stelle dich der Verantwortung und den Aufgaben, die sich dir bieten und die auf dich zukommen. Aber du musst nicht glauben, dass du für die Welt wertvoller bist, wenn du nach einer sogenannten hohen Position strebst. Das ist eine weltliche Vorstellung, die mit der wahren Machtverteilung auf der Erde sehr wenig zu tun hat.

Vielleicht hat dich auch schon einmal das Gefühl beschlichen, dass manche *hoch*gestellten Persönlichkeiten, zum Beispiel Staatschefs, wie Marionetten wirken, die gesteuert werden. Natürlich wirkt keiner von diesen nach außen hin scheinbar so mächtigen Menschen alleine. Es gehört einfach zu der Idee ihres Lebens, in der physischen Welt eine gewisse Erscheinung zu haben. Erinnere dich aber daran, dass diese Körper nur Ummantelungen von der geistigen Kraft sind, die dahinter steht. Geistige Kraft meint hier nicht den Intellekt. Viele sehr wichtig erscheinende Persönlichkeiten sind sehr intelligent, können äußerst gut manipulieren, auch im positiven Sinn, und auf allen möglichen Wissenschaftsgebieten Erkenntnisse bringen. Vielleicht sind sie auch sehr gute Führer und ermöglichen materiellen Wohlstand und Sicherheit für größere Menschengruppen. All das hat aber nichts mit der wirklichen geistigen Kraft zu tun, die dem Individuum innewohnt. Wie gesagt, gerade die Menschen, die die größte und weiteste Wirkungskraft haben, wirken oft im Verborgenen und sind der Welt vollkommen unbekannt. Lass dich also nicht von den äußeren Zeichen der Macht blenden. Du kannst getrost deiner eigenen Idee folgen, ohne glauben zu müssen, dass du äußeren Zwängen gehorchen und deine Fähigkeiten im materiellen Sinne voll ausschöpfen musst.

Erweitere lieber deinen Gesichtskreis, indem du dein Herz öffnest, deinen Raum vollkommen einnimmst und dich durch die Geistige Welt für den Kontakt mit Allem-was-ist öffnest. Was du ausstrahlst, bist du. Damit kannst du mehr Menschen „retten", als durch noch so viele Taten und zwanghafte Aktivität. Segne Zustände, die dir unsäglich erscheinen. Segne Menschen, in denen du nichts Gutes finden kannst, und segne Situationen, in denen du keinen Ausweg siehst. Sende einfach deinen Segen mit aller Inbrunst, die du aufbringen kannst, aus deinem tiefsten Inneren heraus. So tust du das größte Werk, das du in deiner jetzigen Erscheinungsform als Mensch vollbringen kannst. Mache dich dadurch von aller Niedergedrücktheit frei und allen zwanghaften: „Ich müsste doch,…" und „Man sollte doch..." „Man könnte, müsste, sollte…!" Alle diese Gedanken können dir nur dein Leben verleiden. Wenn du das wünschst, es zu deinen Ideen gehört, gut. Wenn du aber das Gefühl hast, dass dich alle diese Gedanken und Sorgen nur blockieren, dann lass sie los und gib der Welt deinen Segen. Lass deine Liebe fließen und deine Aura wirken, sodass alle durch die hohe Schwingung, die von dir ausgeht, gesegnet sind.

Mache dir selbst keine Vorwürfe, wenn du manchmal scheinbar in ein tiefes, schwarzes Loch fällst und alles vergisst, was du doch schon einmal gewusst hast. Wenn du wieder einschläfst, wenn du deinen hohen Bewusstseinsstand nicht halten kannst, wenn du unbewusst handelst, Ärger und Groll ausstrahlst und zu deinen Mitmenschen nicht nett bist... Sobald du das bemerkst, schaust du schon wieder über den Tellerrand. Bemühe dich bewusst, wieder wacher zu werden, deine Schwingungen wieder zu erhöhen und deinen Bewusstseinsstand möglichst hochzuhalten, sodass du spürst, wie sich die Grenzen und Blockaden, die du dir künstlich geschaffen hast, auflösen.

Nimm deinen ganzen Raum ein, öffne dein Herz, leite schädliche Fremdenergien ins göttliche Licht aus. Wenn dir dein Zustand – bei allem Fließen – wieder stabil erscheint, betreibe Schadensregulierung. Mache Verzeihungsarbeit[1] und segne. Du kannst auch in die Vergangenheit hinein segnen. Umgib dich einfach wieder mit dem strahlenden Licht, das sowieso die ganze Zeit da ist und von dir nur einige Zeit nicht mehr wahr-

---

1 In vier Stufen fühlen: 1. „Es tut mir leid." 2. „Bitte verzeih mir." 3. „Ich liebe dich." 4. „Ich übergebe es Gott."

genommen wurde. Halte deine Schwingung hoch, und sie wird von ganz allein auch die niedrige Schwingung um dich herum anheben.

Menschen in deiner Nähe, die keine höhere Schwingung wollen, können es nicht lange in deiner Nähe aushalten und werden sich weiter von dir entfernen. Daher ist es bei deiner weiteren Entwicklung auch unwahrscheinlich, an einer irdischen Idee von „ewig" festzuhalten. Ewige Beziehungen gibt es eher selten, sofern sie die Inkarnationen betreffen. Seelenbeziehungen sind ewig. Aber Beziehungen in einem Leben können kommen und gehen, und du solltest sie nicht zwanghaft festhalten, genauso wenig, wie du festgehalten werden möchtest. Geh weiter und lass andere in Frieden und Liebe und natürlich mit deinem Segen weitergehen, wenn eure Schwingungen nicht mehr zusammenpassen. Mache dich auch frei von der Idee, dass es überhaupt einen wirklichen Zustand gibt und etwas genauso bleiben kann, wie es gerade jetzt ist. Denn das Jetzt gibt es nur jetzt, und im nächsten Moment ist es bereits ein anderes Jetzt. Eine solche manifeste Idee von Zustand kann nicht der deines Lebenswegs entsprechen. Das ist nur eine weitere Illusion, eine Täuschung des Lebens. Natürlich kannst du dich dafür entscheiden, dich eine Zeitlang dieser Täuschung hinzugeben. Du wirst aber erkennen, wenn du diese Erfahrung gemacht hast, dass es irgendwann genug ist. Eine Verlängerung würde dann nur unnötigen Schmerz bedeuten, der der Idee deines Lebenswegs nicht weiter zuträglich ist.

Vergiss nicht bei allem, was dir geschieht und dir begegnet, auch zu lachen. Denn das Lachen ist die Würze des Lebens und mit Sicherheit in deinen Ideen des Lebens enthalten. Welche Freude hättest du im Leben, wenn du nicht lachen könntest? Wie bewundernswert du deine Ziele verfolgst, wie sehr du anderen helfen möchtest, wie sehr du dich reinhalten und wach sein möchtest, um der Welt zu dienen… Bei aller Ernsthaftigkeit vergiss nicht, dass alles viel leichter ist, wenn du es mit Lachen verbindest, du Freude lebst und diese an andere weitergibst. Du bist hier, um an den Abenteuern des Lebens Freude zu haben. Also hab viel Freude beim Spiel des Lebens, in all seinen Rollen, die du dir wählst, und in all seinen Facetten. Denke daran: Nichts geht wirklich verloren. Es gibt kein Sterben. Jede Seele, die dir wichtig ist, wird dir auch immer wieder begegnen, denn ihr seid auf ewig verbunden. Und gemeinsam seid ihr verbunden mit Allem-was-ist. Halte nichts und niemanden fest, sondern gib dich und die anderen frei. Das sind das wahre Glück und die wahre Freude, in Liebe.

8. Die Abgründe des Verstandes

Unser Verstand scheint unser höchstes Gut zu sein. Sollen wir wichtigen Stimmen der Gesellschaft glauben, so, wie wir es oft aus den Medien hören und erfahren? Der Verstand soll unser Routenplaner sein, unser Führer, derjenige, der uns sagen kann und uns auch zu sagen hat, was das Richtige für uns und was falsch ist. Der Verstand erscheint so als das Nonplusultra, *der* Wegweiser schlechthin für unsere Lebensplanung, die Bewältigung unserer familiären Situation, unseren beruflichen Werdegang sowie für alles, was mit unserem Leben zu tun hat.

Wenn du das einmal auf dich wirken lässt, wie fühlst du dich dann? Fühlst du dich gewürdigt, ausreichend gesehen in deinem ganzen Sein? Hast du das Gefühl, von dieser Ideologie wirklich erfasst zu werden? Ja, es ist eine Ideologie. Eine Ideologie, die den Verstand zum König erhoben hat. Einen König über ein Reich – das Königreich des Verstandes. Du merkst bereits, dass ich etwas Ironie verwende, um dir klarzumachen, dass man den Verstand in der westlichen Gesellschaft auf einen Sockel gestellt hat, als Idealisierung eines Zustands emporgehoben hat, als ein Idol, dem du stets zu folgen hast, wenn du vernünftig, realistisch, intelligent und lebensstark erscheinen willst. Die Menschen, die dieser Ideologie nicht blind folgen, werden schnell abgetan als lebensfremd, realitätsfern, als „Hans-Guck-in-die-Luft", als Menschen, die etwas wahrnehmen, was nicht existiert, als gefühlsduselig und vieles mehr, was nicht besonders kompetent klingt in Bezug auf die Bewältigung des Lebens.

Woher kommt eigentlich diese Ideologie? Sie unterscheidet sich doch in der westlichen Welt wesentlich von der östlichen

Philosophie, wobei man sagen muss, dass in der heutigen Zeit diese Welle sehr wohl in die östlichen Länder geschwappt ist, weil sie so viel mehr Kompetenz zu versprechen scheint als die alten Weisheiten, die mehr und mehr in den Hintergrund gedrängt wurden, in die Ecke der Esoteriker, Religionsfanatiker und weltfremden Querdenker. Sicherlich gibt es immer noch viele Weise, die erkennen, dass die alten Weisheiten, nur weil sie alt sind, noch lange nicht falsch geworden sein müssen. Die Denkweise, dass etwas Altes gleich altmodisch und veraltet ist und immer etwas Neues her muss, das eine größere Wahrheit verspricht, einen größeren Erfolg, und als das Höchste anzusehen ist, nach dem zu streben ist, ist eine oberflächliche Denkweise. Ihr folgt einer Verhaltensweise, die von der Selbstverwirklichung eures Seins weit entfernt ist.

Die Selbstverwirklichung ist ein Begriff, den ich in einer Form geprägt habe, die meint: Verwirkliche deinen Geist in seiner Urform. Erkenne dich als Gott, als Teil von Allem-was-ist. Vereine dich mit Gott. Denn das ist deine wahrhafte Selbstverwirklichung. Wenn du deine Seele erkennst, dich in all deinem Bewusstsein von materiellen Zwängen, Wünschen und Bedürfnissen frei machst, dann hast du dein wahrhaftes Sein gefunden. Eine unsterbliche Seele, die Schöpferkraft besitzt und die Kraft, die Welt zu formen. Und eben nicht mit der Kraft der Gedanken, sondern mit der Kraft des Gefühls. Denn die höchste Kraft des Universums ist ein Gefühl: die Liebe. Die höchste Schwingung und Energieform, die existiert.

Liebe wird neuerdings als ein Begriff abgetan, unter dem man vieles verstehen kann. Und tatsächlich, wenn er verwendet wird, dann meint er auch vieles. Aber alles andere als die tatsächliche, wahre, bedingungslose Liebe, von der hier die Rede ist. Liebe an sich kennt keine Bedürfnisse. Der Mensch interpretiert sie hinein durch seine Hilflosigkeit, durch sein Abgeschnitten-Sein von Gott, durch seine Illusion, nicht mehr Teil der Einheit zu sein von Allem-was-ist. Das gehört zum Leben. Ja, es ist das Leben. Das individuelle Leben, das mit sich bringt, dass du als Seele inkarnierst: in einer Person mit einer Persönlichkeit, die individuell ist und nicht automatisch in Allem-was-ist aufgeht. In Verbundenheit und im Verbund mit allen anderen Seelen, Energien und Lebewesen, die ein Ganzes bilden – die wahre Einheit.

Daher ist die Maya – die große Täuschung, die Illusion dieses Lebens – verbunden mit den Kulissen, die du um dich herum wahrnimmst, eine natürliche Erscheinungsform für diese Evolution. Eine Evolution, zu der sich die große Seelenfamilie entschieden hat, die beschlossen hat, sich auf einer Lebensform namens Erde als ein Volk, als Wesenheiten, die in der Form Mensch auftreten, zu inkarnieren. Ja, in diesem Sinn seid ihr die Krone der Schöpfung. Denn tatsächlich habt *ihr* vorgegeben, wie diese Welt auszusehen hat. Himmel und Erde existierten bereits, aber *wie* sie bevölkert wurden: die Lebensformen, die Gesteinswelt, das Wasser, die Pflanzen, die Meeres- und Landbewohner, all dies ist eurer Gedankenkraft entsprungen.

Ja, am Anfang war ein Gedanke. Ich würde es eher als eine Idee bezeichnen, um der wahren Natur eurer Schöpferkraft näherzukommen. Denn die Idee ist mit dem Funken des Lebens und mit einem Gefühl verbunden. Eine Idee ist nicht möglich, ohne mit einem Gefühl verbunden zu sein. Ganz im Gegensatz zu einem Gedanken, der hart und kalt sein kann und unbelebt.

Er kann das Kommando übernehmen, ohne Zwiesprache mit dem Kern deines Seins, den du jederzeit in deiner Körpermitte spüren kannst. Darum entscheide dich, wo du deinen Kontrollrahmen siehst, deine Schaltzentrale: Ist diese Schaltzentrale tatsächlich in deinem Kopf mit Sitz des Gehirns? Möchtest du dich von deinem Verstand kontrollieren lassen, der das nur zu gerne übernimmt?

Oder möchtest du in die Schaltzentrale deines Solarplexus im Bereich deines 3. Chakras hineinspüren, wo du dich jederzeit zentrieren kannst, um dich mit dem Kern deines wahren Seins zu verbinden? Hier kannst du dein Licht am leichtesten wahrnehmen, es leuchten, wachsen lassen und visualisieren, wie dein wahres Bewusstsein weit über die Grenzen deines Körpers hinausgeht. Du kannst spüren, wie du deinen Raum einnimmst.

Kann das dein Verstand auch? Wäre es überhaupt vernünftig, das zu tun? Das wäre eine erste Frage des Verstandes, die einem sehr oft in den Kopf kommt, wenn man sich auf die Gedankenkraft fokussiert. Was ist überhaupt real? Gehe ich konform mit der Realität oder drifte ich ab? Bin ich ein Spinner oder Verrückter, weil ich Dinge sehe, höre, wahrnehme und fühle, die andere nicht wahrnehmen oder scheinbar nicht wahrnehmen können? Willst du dich auf das beschränken, was du mit deinen Augen sehen kannst? Auf das Materielle, das der Verstand dir als Wahrheit weismachen will, als alleinige Wahrheit?

Hier liegt auch das größte Problem des Verstandes: Er beschränkt dich, er schirmt dich vom Großen Ganzen ab. Er tut alles, wirklich alles, um die Kontrolle über dich zu behalten und dir somit ein Gefühl von Sicherheit zu vermitteln, ähnlich wie bei einem Gefangenen im Gefängnis. Ja, er wird versorgt, er bekommt vielleicht sogar dreimal am Tag zu essen, vielleicht sogar gutes Essen. Man sagt ihm, was zu tun ist, er hält sich an Regeln. Solange er sich an diese Regeln hält, geht es ihm bestens. Keine Schmerzen, keine Schläge, alles plätschert ruhig dahin. Der Gefangene, der sich im System zu benehmen weiß, den Regeln des Systems gehorchend, dem geht es gut, nicht wahr?

Und diese Rolle hat der Verstand *dir* zugeschrieben. Nun weißt du, was ich mit Abgrund meine. Ich hoffe, dich ein bisschen zu entsetzen und wachzurütteln und dadurch von der üblichen Sichtweise zu entfernen, die in deiner Gesellschaft üblich ist. Die Entscheidung liegt bei dir: Machst du dich frei von den Fesseln, von den Stimmen, die ständig aus dem Fernseher und anderen Medien auf dich einprasseln und nichts weiter im Sinn haben, als dich weiter gefesselt zu halten und als Gefangenen ganz bequem zum Opfer einer Ideologie zu machen? Man könnte es als Massenhypnose bezeichnen. Der Einzelne glaubt etwas, dann eine kleinere Gruppe, dann eine größere und schließlich die gesamte sogenannte Gesellschaft eines Landes oder einer Zivilisation. Die Stimmen klingen ja auch sehr überzeugend. Natürlich, das ist ein Teil der Wahrheit: Der Verstand ist nützlich. Er hilft dir, in brenzligen Situationen klar und schnell Entscheidungen zu treffen. Das logische Denken, das er steuert, hilft dir, Informationen gegeneinander abzuwägen. Und ja, du hast Erfolg, wenn du deinen Verstand im Sinne der Regeln der Ideologie und deiner Gruppe, der du angehörst, richtig anwendest. Dann hast du Erfolg gemäß den Regeln der Gruppe. Genau wie der Gefangene Erfolg hat, dem sein Gefängniswärter freudig zufrieden auf die Schulter klopft und sagt: „Gut gemacht!" Dann freut sich der Gefangene und legt sich wieder schlafen, traumlos auf seiner Pritsche, bis zum nächsten Tag, an dem er wieder den Regeln folgen wird. Und er wird wieder dafür gelobt, wie brav er doch ist. Er funktioniert hervorragend. Er arbeitet den ganzen Tag in einer Einrichtung, die der Gruppe, der er angehört, oder einer sogenannten Führung Nutzen bringt, die von seiner Arbeit profitiert und ihn immer fein dafür lobt. Tja, so könnten eigentlich alle zufrieden weiterleben, nicht wahr? Ich hoffe, dass du an dieser Stelle ein bisschen lachen kannst. Aber vielleicht wirkt dieses Lachen ein klein wenig bitter.

Mache dir klar, dass du das Gefängnis, in dem du dich befindest, jederzeit verlassen kannst. Du hast die Wahl. Denn das Interessante ist: Du hast den Schlüssel in der Hand. Den Schlüssel, die Tür zu öffnen, die ins Freie führt. Im Freien wartet naturgemäß Unsicherheit auf dich. Keiner wird dir mehr sagen: „Alles ist in Ordnung", und dir auf die Schulter klopfen, weil du den Regeln folgst. Denn nun hast du deine eigenen Regeln aufzustellen. Du schaust plötzlich nicht mehr auf enge Wände, die dich umschließen, sondern die weite Ferne ist um dich herum zu sehen. Du hast viel freien Raum um dich herum, den du ausfüllen kannst. Das kann durchaus zunächst einmal Angst machen, wenn du erkennst, wie viel Macht du besitzt. Und wie frei du bist, verbunden mit Wahlmöglichkeiten.

Worauf kannst du dich jetzt noch verlassen? Auf dein Gefühl und darauf, dass die Geistige Welt jederzeit bereit ist, da ist, dich zu unterstützen und dir Signale zu geben, denen du folgen kannst oder auch nicht. Hören wirst du sie allerdings nur, wenn du dich dafür öffnest, dass du eine innere Führung hast, verbunden mit der Führung aus der Geistigen Welt, die zu *dei-*

nem höchsten und besten Wohl operiert, allerdings nur auf deinen Zuruf hin. Jetzt liegt es an *dir,* zu wachsen, zu schrumpfen oder dort zu bleiben, wo du bist.

Letztendlich ist natürlich all das nur eine Illusion. Aber bedenke, dass du für diesen Lebensweg, den du dir in dieser Inkarnation, in der Form als Mensch, gewählt hast, Ideen mitgebracht hast. Möchtest du die Möglichkeiten ausschöpfen, die sich dir bieten? Den weiten Raum erforschen, die Farben sehen, alle Gefühle fühlen? Da können auch Angst und Unsicherheit aufkommen. Aber würde es dir Freude bereiten, all das aus eigener Kraft zu überwinden, immer verbunden mit der Liebe des Universums, verbunden mit den anderen Menschen, die das Gleiche wünschen wie du? Jeder auf seiner Art, jeder auf seinem Weg gehend, und doch ständig mit dem geliebten Allem-was-ist verbunden. Kannst du dir vorstellen, welche Freude es macht, wenn du herausfindest, dass alle Angst vollkommen sinnlos ist, dass du dir keine Sorgen zu machen brauchst? Sorgen ändern gar nichts. Du wirst dadurch nicht kompetenter, du wirst dich nicht sicherer fühlen, wenn du dir Sorgen machst und alle Pläne abwägst, denn im Endeffekt zählt immer nur das Jetzt. Aber das Jetzt ist ein unendlich weites Feld. Du bist immer im Jetzt, das „Morgen" ist eine Illusion. Und doch geht es immer weiter.

Das ist ein interessantes Paradoxon. Paradox ist es allerdings nur, wenn wir uns gedanklich in der dreidimensionalen Welt bewegen, die sich der Mensch geschaffen hat, um dieses Leben zu leben, in der materiellen physischen Welt, in dieser dreidimensionalen Form. Öffnest du dich dafür, dass es noch weitaus mehr gibt, so öffnet sich gleichzeitig das Feld deiner Möglichkeiten. Mit deiner Bereitschaft, mehr wahrzunehmen, öffnest du alle deine Kanäle, Kräfte und gefühlsmäßigen Antennen. Du wirst in einer vieldimensionalen Welt einen Reichtum erleben, den sich dein Verstand vorher nicht vorstellen konnte.

Ist es wichtig, ob dich irgendjemand als Träumer bezeichnet? Ist es wichtig, dass du ein Teil in einer funktionierenden Welt bleibst, ein Zahnrädchen von vielen, das dazu beiträgt, dass eine Maschinerie unerbittlich zum Profit von wenigen weiterrollt? Oder möchtest du lieber jemand sein, der zum Wohl aller mitarbeitet? Der da ist für sich selbst und sich und seine Grenzen achtet, der sich liebt und wertschätzt, sich mit seiner ganzen Geschichte würdigt, aber immer im Bewusstsein, dass er im Hier und Jetzt lebt und jederzeit liebend und dankend seine alten Geschichten verabschieden kann? Als jemand, der voranschreitet auf seinem Weg zur Einheit, zunächst mit sich und seinen Körpern und in dem Bewusstsein, eine unsterbliche Seele zu sein und weitaus mehr als sein physischer Körper, den er materialisiert hat? Als jemand, der zugleich in der Einheit ist mit dem Nächsten, mit seinen Mitmenschen und den anderen Lebewesen, dabei die Schönheit wahrnehmend, die Kraft, die Farben, die Energie, die alles mit allem verbindet?

Wie egal kann dir da die Maschinerie sein, in der du nicht mehr mitfunktionierst, fraglos, anstandslos, brav. Die Zufriedenheit, brav zu funktionieren, kannst du durchaus ablegen in dem Bewusstsein, dass du eine weitaus größere Zufriedenheit erreichen wirst. Die Zufriedenheit, mit dir selbst vereinigt zu sein, mit dem wahren Wesen des Universums, losgelöst von dem Formenspiel, das dir das Leben bisher geboten hat, mit einer ganz anderen Sicht auf die Geschichten, Zustände und Situationen, die dir bisher im Leben so zentral erschienen.

Du brauchst dich dazu nicht von deinen Liebsten zu entfernen oder von deiner Welt, in der du lebst. All das kannst du gerade dort fühlen und erleben, wo du bist. Denn die anderen Dimensionen und die Wahrheit hinter der Wahrheit kannst du jederzeit und überall wahrnehmen. Du kannst interessanterweise genau an der gleichen Stelle sein, an der du im Moment bist. Und doch alles so anders wahrnehmen, so viel umfassender und freier, dass du das Gefühl hast, aus den alten Grenzen herauszutreten, in eine neue, viel weitere Realität, die dir ein allumfassendes Bild von einer vieldimensionalen Welt bietet. Auch wenn die Menschen um dich herum das nicht sehen können, heißt das nicht, dass es nicht existiert.

Nun glaube nicht, dass du dich über die anderen erhoben hast und auf sie hinunterschauen kannst. Bedenke, dass du noch gestern genauso eingeschränkt gelebt hast, mit der Vorstellung, dass der Verstand mit seiner Kontrolle über die materielle Welt der wahre König in deinem Königreich ist. Begegne also allen mit Liebe, Verständnis und Toleranz, genauso, wie du es dir auch von anderen wünschst und erhoffst. Lass jedem seinen Weg, rette niemanden. Du kannst dich verändern, jeder andere ist für sich selbst verantwortlich. Du kannst nur hoffen, irgendetwas zu verändern, indem du dich selbst veränderst. Die ganze Welt findest du in dir. Die Probleme der ganzen Welt kannst du in dir lösen. Du brauchst dafür nicht nach außen zu treten oder andere Menschen zu erziehen. Alles, was du im Außen als unvollkommen, nicht stimmig, tragisch, schmerzhaft wahrnimmst, kannst du in deinem Inneren lösen, denn der Kosmos ist genauso in dir, wie du im Kosmos bist. Wie unten, so oben, das hast du schon gehört, wie es auf den Smaragdtafeln geschrieben steht. Mikrokosmos wie Makrokosmos.

Mache dir also keine Sorgen, dass dir etwas entgeht, weil die Welt ja so groß ist. Alles, was wichtig für dich ist, wird dir präsentiert, es wird dir begegnen. Menschen werden in dein Leben treten, und die Aufgaben werden dich suchen. Du wirst instinktiv tief mit deinem Innersten verbunden sein. Du wirst fühlen, wohin es dich zieht und was die wirklich zentralen Aufgaben in deinem Leben sind. Der Verstand wird dir sagen: „Oh, vieles ist interessant, und dieses sollte man wissen und jenem Weg sollte man noch folgen." All das ist wahr, führt dich aber gleichzeitig nirgendwo hin. Zentriere dich in der Meditation, weite dein Inneres, sodass du alles in dir wahrnehmen kannst, was für dich wirklich von Bedeutung ist. Losgelöst von äußerem Einfluss, von den Medien und vielen anderen Stimmen, sei es nun von Religionsvertretern oder Politikern, wirst du deine Wahrheit wahrnehmen.

Es wird nicht immer einfach sein, all das zu ignorieren. Tatsächlich solltest du keinen Widerstand leisten, sondern es freundlich zur Kenntnis nehmen. Wenn du möchtest, kannst du sogar nicken, und dann lässt du es an dir abperlen wie einen sanften Regen, der einen Baum benetzt und am Baumstamm herunterläuft und dann abperlt. Nimm die Energien auf, die dich nähren, und lass die unangenehmen Energien vorbeiziehen, ohne dich ihnen in den Weg zu stellen. Mache dich nicht hart, sondern sei biegsam wie das Gras im Wind, das sich immer wieder aufrichtet, wie stark der Sturm auch sein mag. Ist er vorüber, richtet sich ein sanfter Grashalm wieder auf, die harte Mauer dagegen ist gefallen. Mache dir das immer bewusst, ähnlich wie es schon Gandhi der Welt überbracht hat. Seine

Botschaft hat nichts an Weisheit verloren, wie auch so viele Weisheiten der wahren Wahrheitssucher, die ewiglich Geltung und Gültigkeit haben.

Befreie dich also von deinen alten Geschichten und fühle wahrhaft, was für dich, nur für dich, zentral ist. Du brauchst dich nicht für eine Sache oder für andere aufzuopfern. Selbstverständlich bleibst du verantwortungsvoll und sorgst für dein Kind oder andere Schwache, die dir anvertraut sind. Ansonsten lass die Menschen so sein, wie sie sind. Aber auch bei den von dir Anvertrauten reguliere und greife nur ein, wenn es zum Schutz unbedingt notwendig ist. Ansonsten hat jedes Wesen, so klein und schwach es auch erscheinen mag, eine unsterbliche Seele, eine eigene Persönlichkeit, die unbedingt zu würdigen ist. Die Grenzen sind immer dort, wo anderen Schaden zugefügt wird. Das gilt für dich, wie auch für die anderen. Daher ist es manchmal unerlässlich, dass man sich aus dem Weg geht, wenn es anders nicht möglich ist. In solchen Fällen arbeite stets an dir und schau, wo du verhärtet bist, wo du Widerstand bietest, um zu erforschen und zu hinterfragen, warum du mit einem Menschen nicht in Frieden leben kannst.

Was spricht hier aus dir? Ist es gekränkte Eitelkeit? Dein Ego, das sich durchsetzen möchte? Ist es alter Schmerz, der hochkommt aus einer alten Geschichte, die du vielleicht mit deinen Eltern erlebt hast? Welche wunden Punkte berührt diese Person in dir? Nimm nichts ernster als dich selbst, aber auch nichts weniger ernst. Vergiss nicht zu lachen, anstatt dich zu ärgern, um nicht sinnlos deine Leber zu belasten. Denn was ist Ärger anderes, als unfähig zu sein, sich mit der Realität auseinanderzusetzen und abzufinden. Ärger ist immer ein Zeichen von Widerstand.

Warum setzt du etwas oder jemandem Widerstand entgegen? Schadet es oder er dir wirklich, oder existiert es nur in deiner Vorstellung? Möchte dir dein Verstand bereits Maßnahmen von A bis Z einreden, die es nun zu treffen gilt? Schreit dein Ego danach, den anderen kleinzumachen, ihn zu besiegen, damit du als Sieger vom Schlachtfeld gehst? Ist es das, was du willst? Gut, du kannst kurzfristige Zufriedenheit erlangen, wenn du einen solchen Sieg errungen hast. Aber wie viel freudiger, genussvoller ist ein Sieg gegen dich selbst. Hier geht es nicht um einen Kampf, den du führen sollst. Sondern es geht ums „Sein lassen". Es geht gerade darum, es zu schaffen, nicht in den Kampf zu gehen. Interessante Kräfte und Energien entfalten sich dann. Kräfte und Energien, die du normalerweise auf dem Schlachtfeld verlierst. Wie viel nutzbringender kannst du sie anbringen in der Erschaffung, in der Schöpfung einer neuen Welt, in der du dich aus dir selbst heraus wahrhaft wohlfühlst?

Alles, was du aus dir selbst heraus schaffst, bringt dir wahren Frieden, der weit über die kurzfristige Zufriedenheit hinausgeht, die du durch einen Sieg, einen Kampf erlangst. Diese Kämpfe müssen ständig wiederholt werden, weil Siege nur kurzfristig befriedigen. Du aber kannst Frieden erlangen, der andauert, indem du einen Bewusstseinsstand bewahrst, der dich nicht mehr in schwarze Löcher fallen lässt. Und wie machst du das? Indem du nicht mehr den Verstand dich kontrollieren lässt, der in Wirklichkeit nur das Werkzeug einer großen Ideologie ist, die dir nicht nutzt. Indem du stattdessen in dein wahres Sein hineinhorchst, deinem Gefühl und deiner Intuition folgst sowie Rat auch bei deiner geistigen Führung einholst und berücksichtigst. Mache dir klar, dass du nichts und niemandem blind folgen musst, dass du aber in deinem Innersten weißt, was ein wahrhaftiges Signal ist und woher es kommt.

Frage dich, weshalb du wirklich hier bist, als *Du* in diesem Leben, in dieser Umgebung, die du dir für deinen Lebensweg und zur Verwirklichung deiner Ideen ausgesucht hast. Es geht um deine Ideen vom Leben, mit dem Wunsch, bestimmte Erfahrungen zu machen und eine Seelenreife zu erlangen, die es dir immer leichtermacht, dich wieder mit Gott zu vereinigen. Wo bist du? Es ist nicht so wichtig zu fragen, wer du bist, sondern WAS du bist. Das Wer ist relativ schnell klar. Wenn du dich selbst nicht in der Persönlichkeit erkennst, die du im Moment verkörperst, frage deine Umgebung, wenn du den Mut hast. Hier lange weiterzuforschen bringt keine neuen Ergebnisse. Frage dich lieber, was du bist. Was steckt hinter all dem? Die Antwort ist ganz klar: Du bist ein unsterbliches Seelenwesen, das sein Bewusstsein für dieses irdische Leben für eine Zeit reduziert hat. Wenn du erwachen möchtest, dann erwache, wenn du weiterschlafen möchtest, dann schlafe. Aber beschwere dich nicht darüber, was in der Zwischenzeit geschieht. Das liegt nicht in Gottes, sondern in deiner Verantwortung. Gott existiert nicht außerhalb von dir. Du bist Gott. Mache also nicht anderes oder andere dafür verantwortlich, was dir geschieht. Sei klar, konzentriert und fokussiert in dem, was du bist.

Du setzt die Grenzen, du gehst die Schritte und bleibst stehen. Das tut niemand sonst für dich. Wer sonst sollte für dich sorgen, wenn du es nicht tust? Dein innerstes Gefühl ist ein Wegweiser, der deinem Verstand weit überlegen ist. Auch diese Gefühle, die in dir hochkommen, sind nicht unbeeinflussbar. Daher ist es zentral wichtig, dass du deine Geschichte bereinigst und nicht bei alten Schmerzen stehenbleibst, die dir ständig vorgaukeln, dass du wieder in weitere schmerzhafte Situationen taumeln wirst. Dann steht natürlich wieder der Verstand bereit, mit dem Meister Ego im Hintergrund. Sie wollen dich retten, fremdgesteuert von außen, als Teil eines manipulierten Gruppenbewusstseins, von dem einige wenige in diesem Moment, in diesem Leben profitieren.

Tritt nun noch einen Schritt zurück und sieh dir das Ganze von weitem an: das große Spiel, das noch größere Spiel, das weit über dein individuelles Leben hinausgeht, das du im Moment spielst. Dann wirst du erkennen, dass die inkarnierten Seelen, die dich und die Masse benutzen, euch auf andere Art und Weise dienen, damit ihr bestimmte Erfahrungen machen könnt. Auch das hast du alles bereits im Vorhinein, bevor du dich zu diesem Leben entschlossen hast, erlaubt. Jetzt frage dich, ob der Moment gekommen ist, dieses Spiel zu durchschauen, zu durchleuchten und auf eine andere Ebene zu bringen, die der Entwicklung der Neuen Welt entspricht. Das alte Spiel hat im Prinzip ausgedient, denn alle Erfahrungen wurden bereits gemacht. Es wurde genug gelitten, jede Regung, zu der ein Mensch fähig ist, wurde schon hunderttausendfach gefühlt, getan und erfahren.

Die Neue Zeit hat begonnen, und auch du bist nun reif, in die Neue Zeit einzutreten. Manche Seelen werden sich entscheiden, das alte Spiel weiterzuspielen und nach dem Verlassen ihres jetzigen irdischen Körpers ins Jenseits nicht wiederzukehren, andere werden sich neu inkarnieren und an der Neuen Welt teilhaben und ihr in Freude dienen. Du kannst das bereits jetzt tun. Es ist deine Entscheidung. Etwas hat dich dazu gebracht, zu suchen. Wenn du diese Worte hörst oder liest, bist du also auf der Suche und hoffst, etwas zu erkennen, das dir fehlt. Etwas hat dich hierhingezogen, eine Sehnsucht, ein Verlangen. Du hast einen inneren Wunsch, auch wenn du ihn nicht genau definieren kannst.

Wenn dem so ist, hab den Mut, dich für die Selbstverwirklichung zu öffnen. Zur Verwirklichung deines wahren Seins in einem viel größeren Rahmen, als du ihn bisher wahrgenommen hast. Du kannst aus deinem Gefängnis hinaustreten, hinaus aus diesem Rahmen, den du bisher als Rahmen deiner Möglichkeiten wahrgenommen hast. So trittst du hinaus auf die nächste Ebene. Und wenn du bereit bist, weiter und weiter. Sei beruhigt, du bist nicht schutzlos und wirst nicht plötzlich in einer unendlichen Weite stehen, die für dich unerfassbar ist und in der du hilflos verlorengehen kannst. Dein Schutzraum ist immer da. Du kannst ihn fühlen, und du wirst auch aus der Geistigen Welt begleitet und geschützt. Auch in deiner Inkarnation als Mensch, der du jetzt bist, hast du dich zusammen mit deiner Seelenfamilie und anderen inkarniert, die mit und bei dir sein wollen und dich auf deinem Weg begleiten, sodass ihr ihn zusammen gehen könnt. So bist du niemals allein und hilflos. Das ist nur Illusion. Eine Angst, die dir vorgespiegelt wird, die du aber getrost ignorieren kannst. Deine Angst ist das einzige Gefängnis, das wirklich existiert.

9. Die Leichtigkeit des Seins

Die Leichtigkeit des Seins geht dir oft verloren im täglichen Leben, in dem du dich den materiellen Zwängen, die sich dir in der physischen Welt zeigen, ausgesetzt fühlst. Sie erscheinen dir als Barrieren, um dein wirkliches Sein auszuleben, und als Blockaden, die sich auch in deinem physischen Körper manifestieren, sodass du noch nicht einmal mit diesem in deiner vollen Kraft bist.

Was ist das überhaupt: die Leichtigkeit des Seins? Ist dein Leben denn nicht mit Pflichten, Zwängen, einer Ordnung, der du standhalten musst, einem Stundenplan, einem ständigen Blick auf die Uhrzeit erfüllt? Einfach dadurch bedingt, dass du zu sorgen hast – für deine Kinder, deine Familie, dein Arbeitsleben und die Aufgaben, die daran gekoppelt sind? Sie sind mit deinem Beruf und anderen Verpflichtungen, die du übernommen hast, verbunden. Du musst in einer westlichen, eher kapitalistisch geprägten Gesellschaft funktionieren, in der die Steigerung der Leistungsfähigkeit und des Bruttosozialprodukts im Vordergrund steht. Ständig wird gefragt: Was habe ich zu geben, damit ich dieses und jenes produzieren kann? Damit ich dieses und jenes erreiche? Sehr selten taucht die Frage auf: Wie schaffe ich Qualität in meinem Leben? Qualität nicht in materieller Hinsicht, sondern die von wirklichem Wohlbefinden geprägt ist. Wenn diese Frage in den Medien oder auch in Unterhaltungen im Kollegen-, Freundes- oder Familienkreis auftaucht, dann geht es oft darum, wie man noch gesünder leben kann, sich besser ernährt, welche Therapeuten, Ärzte und Behandlungsweisen geeignet sind, deine Leistungsfähigkeit noch weiter zu steigern. Oder, ein weiteres wichtiges Gebiet: Was kannst du alles tun, damit du noch besser und gesünder aussiehst? Denn das Aussehen, wie wir schon im Kapitel mit den „Kleidern, die Leute machen" behandelt haben, steht heute zentral in der Aufmerksamkeit der Gesellschaft. Um diese Qualität geht es hier nicht. Ich spreche von der Qualität deines inneren Lebens.

Weißt du, dass du ein Innenleben hast? Was spielt sich dort ab? Wie sieht es aus? Wie fühlst du dich *wirklich*? Damit meine ich nicht, wie du dich fühlen solltest, was du fühlen müsstest, sondern: Wenn du in dich hineinhorchst, was kannst du dann spüren? Bist du mit deinem innersten Gefühl verbunden? *Bist* du dein Gefühl, oder spiegelst und reflektierst du einfach nur das, was dir von außen zugetragen wird? Mit anderen Worten: Wenn dir andere spiegeln und es dir sagen, dass du gut aussiehst, dass du gesund wirkst, leistungsfähig bist, alle deine Aufgaben erfüllst – seien sie nun selbstgestellt oder von außen an dich herangetragen –, hast du dann ein qualitätvolles Leben?

Dieses Außenbild muss gar nicht so viel mit dem Bild gemeinsam haben, das du von innen heraus fühlst. Aber oft ist das Gefühl für das Innenleben vollständig verlorengegangen, sodass du es mit der Außenwelt verwechselst, die dir ein bestimmtes Bild spiegelt. Vergiss also dieses Bild für einen Moment und sonne dich nicht in deinem Ego, in dem scheinbaren Erfolg, der dir von außen signalisiert wird. Löse dich von diesem Bild, von der Beurteilung und Verurteilung der anderen, die du schon zu deinem Eigenbild gemacht hast.

Setze dich ruhig hin, vielleicht vor eine Kerze. Vielleicht hilft dir auch sanfte, meditative Musik oder das Hören eines Mantras. Sei ganz für dich und sei sicher, dass du für mindestens eine Stunde nicht gestört wirst. Und dann meditiere über die Leichtigkeit des Seins und ihren Sinn.

Du wirst feststellen, dass deine Gedanken höchstwahrscheinlich zunächst wie Schmetterlinge wild durch deinem Kopf tanzen. Es kann schwierig sein, zur Ruhe zu kommen, wenn du es gewohnt bist, ständig zu funktionieren und mit Gedankenkraft dein Leben zu steuern. Die Aufgabe, die nun auf dich wartet, ist eine gegenteilige: Lass nun die Gedanken los, du brauchst sie nicht. Der Verstand darf einmal schlafen. Die vielen Gedanken, die er ständig produziert, haben für den Moment ausgedient. Du kannst dich nicht zwingen, nicht zu denken, aber lass die Gedanken, die du durch deinen Kopf schwirren fühlst, wenn sie kommen, langsam auch wieder gehen. Sei in Liebe und verständnisvoll für ihre Anwesenheit, aber klar fokussiert auf dein Inneres. Mache es dir bequem, sei bequem gekleidet. Es kann dir völlig egal sein, wie du aussiehst und auf andere wirkst. Du bist allein mit *dir*. Ist bereits der Gedanke daran bedrohlich für dich, dann wird es höchste Zeit, dass du dich traust. Dass du dir zutraust, in der Stille, allein und ohne eine Aufgabe zu sein. Es gibt in der Tat nun nichts Wichtigeres zu tun, als in der Stille zu sitzen und Leichtigkeit zu üben.

Fühle, wie dein Atem durch dich fließt, der dein Leben in dieser physischen Form erst möglich macht, und lass ihn dankbar ein- und ausströmen, tief durch deine Lungen in deinen Kör-

per hinein, und dann lass ihn sanft wieder ausfließen. Dabei sei geduldig mit dir und deinen Gedanken, die dir ständig zu suggerieren versuchen, was jetzt alles noch wichtig sein könnte. Noch einmal: Es gibt jetzt nichts zu tun.

Viel Tun ist tatsächlich überflüssig, wenn die damit verbundenen Gedanken durch das richtige Gefühl ersetzt werden. Das richtige Gefühl ist das, was von innen heraus aus dir auftaucht. Es wird dir erst möglich, dieses Gefühl wieder unverfälscht zu fühlen, wenn du dich von all den Zwiebelschichten der äußeren Formen befreist, mit denen du gelernt hast, dich zu identifizieren. Hier sind zum Beispiel deine verschiedenen Rollen zu nennen, die du innehast und so gut, wie du kannst, erfüllst. Dabei stehst du oft unter Stress, weil du meinst, sie nicht alle gleichzeitig gut genug erfüllen zu können. Sei es als Elternteil, Vater, Mutter oder in anderen Positionen, die du in der Familie einnimmst – als Sohn, Tochter, Geschwister, Partner/Ehepartner, als Nachbar und natürlich in deiner Funktion als Geldverdiener im Berufsleben.

Bei deinem Beruf spielt es in Bezug auf Leichtigkeit eine große Rolle, ob du ihn aus Interesse, Freude und Leidenschaft gewählt hast, oder vor dem Hintergrund, dass hier Geld zu verdienen ist, das gebraucht wird, um dich und deine Familie zu ernähren und zu unterstützen. Also, ob dein Beruf eher eine lästige Verpflichtung ist und du es kaum erwarten kannst, jeden Tag dein Tagwerk beenden zu können, und ob du das Wochenende herbeisehnst, den nächsten Urlaub und schließlich die Rente, voller Erleichterung, wenn deine Arbeitszeit vorbei ist.

Alle diese Rollen haben mit Leistung zu tun. Du hast viel zu geben, zu schaffen, zu kreieren und für Dinge und Menschen zu sorgen. Diese Aufgaben hast du dir gestellt und bist im täglichen Kampf, sie zu erfüllen. Mehr oder weniger, je nachdem, mit wie viel Freude du sie verrichtest. Je mehr Freude du in Verbundenheit mit deinen Aufgaben und deinen verschiedenen Rollen fühlst, desto mehr Leichtigkeit wird auch in deinem Leben sein, im Gegensatz zu einem Leben, das vom Überlebenskampf an allen Fronten geprägt ist.

Lass alle diese Überlegungen zu Beginn deiner Meditation durch deinen Kopf ziehen und spüre nach, welche Gefühle dazu in dir hochkommen. Wie fühlst du dich in bestimmten Körperteilen? Kannst du frisch und frei durchatmen, oder spürst du einen Druck in der Lunge? Wenn du das Gefühl hast, nicht richtig durchatmen zu können, kannst du sicher sein, dass du dir selbst die Luft abgeschnitten hast. Durch etwas, das in deinem Leben nicht stimmt, wo du nicht gemäß deiner Natur lebst. Ähnlich ist es mit dem Herzen: Viele Menschen spüren hier einen schmerzhaften Druck, manchmal auch schmerzhafte Stiche, Verkrampfungen usw. Hier merkst du, dass dein Gefühlsleben nicht im Gleichgewicht ist und dich alte oder neue Sorgen, Probleme und emotionale Schmerzen blockieren und es dir erschweren oder sogar unmöglich machen, die Leichtigkeit des Seins zu spüren.

Stelle dir nun eine wunderschöne orange Farbe vor – die Farbe der Freude. Visualisiere sie in ihrer schönsten Form, wie sie leuchtet und dich erfreut. Nimm diese Farbe in dich auf. Zunächst in den Körperteil, in dem du Druck oder Schmerz verspürst. Schaue und spüre dann, wie sie sanft diesen Teil deines Körpers umschließt und durchdringt und wie diese Schwingung der Freude, die diese orange Farbe ist, dir Leichtigkeit bringt.

Vielleicht spürst du schon, dass es dir leichterfällt, zu lächeln. Dass sich in dir eine Schwingung ändert, von niedriger zur höheren Schwingung, so, wie es deiner wahren Natur entspricht. Wehre dich nicht gegen deine wahre Natur, denn sie ist immer Reinheit, Vollkommenheit und Freude. Alles, was dies nicht ist, entspricht nicht deiner wahren Natur und zeigt, dass du an dieser Stelle aus dem Gleichgewicht geraten bist. Du hast dich von äußeren Bildern beeinflussen lassen, die scheinbar zu deinem Leben gehören, aber doch in Wirklichkeit nichts weiter sind als die Maya, die große Täuschung, die Kulissen auf der Bühne deines Lebens, die du dir geschaffen hast, um das Leben interessanter zu gestalten. Wenn interessant hier schwierig, problematisch und schmerzhaft bedeutet, so überlege dir, ob du die damit verbundenen Erfahrungen noch weiter machen möchtest. Erfüllen sie ihren Sinn und Zweck? Bist du noch nicht bereit, dich aus diesen äußeren Zwängen zu lösen? Oder sagst du mit einem guten Gefühl: „Oh, danke, dass du mich aufgeweckt hast. Ich sehe das jetzt erst mit offenen Augen. Diese Tatsache dringt in mein Bewusstsein. Ich sehe die Dinge, die nicht zu mir gehören, wie Barrikaden auf meinem Weg, die schwer zu erklimmen sind, über die ich klettern muss und die ich sehr gerne aus meinem Weg stelle."

Genauso visualisiere, wenn du es wünschst, diese Probleme, Sorgen und äußeren Einflüsse, die sich dir in den Weg stellen. Sieh vor deinem inneren Auge deinen lichtvollen, klaren Lebensweg und die entsprechenden Barrikaden und Hindernisse auf dem Weg in ihren verschiedenen Größen, Farben und Formen. Sieh dabei auch einmal von oben auf die Szenerie herab, sodass du ein Gefühl dafür bekommst, wie weit diese Strecke ist, wie viele Hindernisse darauf stehen, und entwickle auch ein Gefühl für die Entfernung und die Größenverhältnisse. Sieh, dass dein Pfad Licht ist, so, wie du Licht bist. An den Stellen, an denen du Hindernisse und Barrikaden aufgestellt hast und kein Licht wahrnimmst, kannst du die orange Farbe zur Hilfe rufen, die wir die Schwingung der Freude nennen, und sie herabsenken und diese Dinge durchdringen lassen.

Du wirst merken, dass das scheinbar Manifeste durch das Durchdrungen-Werden von der orangen Farbe ins Flirren kommt und das Dunkle, Feste immer heller und leichter wird, bis es sich vollkommen durch Licht auflöst und ersetzt wird. Am Ende bleibt nur weißes, strahlend helles Licht übrig – dein Lebensweg, das Licht, das du bist und dem nichts mehr im Weg steht. Du kannst die ganze Strecke klar, hell und frei vor dir sehen und fühlen. Fühle es, denn das bist du. Die Leichtigkeit des Seins, so, wie du sie wählst. Atme nun tief und fühle, wie die Luft leichter durch deine Lunge fließt, durch einen leichten Körper, und du nur noch strahlend helles Licht vor deinem inneren Auge siehst.

Nun wird es dir leichterfallen zu verstehen, was eigentlich die Leichtigkeit des Seins ausmacht. Es geht darum, dein volles Potenzial zu leben, im Hier und Jetzt zu sein, vollkommen wach, in einem Bewusstseinsstand, der es dir erlaubt, alles so wahrzunehmen, wie es wirklich ist, wie du es in dieser physischen Form nur wahrnehmen kannst. Das ist jedoch nicht alles. Aus der Geistigen Welt ist mehr wahrnehmbar. Dein Spektrum ist so viel größer, als du es bisher gelebt hast.

Es wird dir nun leichterfallen, die Hilfen aus der Geistigen Welt überhaupt wahrzunehmen, sodass du in die Wahl kommst, sie anzunehmen oder nicht. Menschen, die nicht wahrnehmen, was um sie herum geschieht, was ihnen an Signalen, Hilfen, Worten und klaren Informationen angeboten wird, fühlen sich oft allein gelassen. Kennst du dieses Gefühl? Dass du einsam und allein bist, auf dich selbst zurückgeworfen, in einer Hilflosigkeit, einer Welt ausgeliefert, die dich mit Erwartungen konfrontiert, denen du in der Gesellschaft, in der du dich inkarniert hast, gelernt hast, zu entsprechen und zu funktionieren? Doch immer mit dem Gefühl, nicht zu genügen und dass es doch da viel mehr geben muss? Und du weißt, dass es mehr gibt! Du weißt nun, wie du aus diesem dunklen Tunnel heraustreten kannst, auch wenn du wieder auf einen Bewusstseinsstand zurückfällst, der dir vorkommt wie ein schwarzes Loch. Du kannst jederzeit in das Licht, in die Wachheit zurückkehren und auftauchende Barrieren, wie eben beschrieben, aus dem Weg rollen. Schiebe sie nicht einfach zur Seite, damit würdest du etwas ignorieren, das weiter besteht. Nein, kreiere dir wahrhaft eine neue, eine andere Welt nach deinen Wünschen, die ein größeres Spektrum der Realität umfasst, indem du Leichtigkeit schaffst, zum Beispiel durch die Nutzung des orangefarbenen Lichts, der Farbe der Freude. So löst du das Dunkle auf, bis du wieder das strahlend helle Licht der Freiheit vor und in dir siehst. Und *fühle* dieses. Fühle die Leichtigkeit, die mit der reinen Wahrheit verbunden ist.

Immer wenn du das Gefühl hast, irgendetwas stimmt nicht, vertraue diesem Gefühl und spüre ihm nach. Wo stimmt etwas nicht, woher kommt es? Spüre in deinen Körper hinein, der dir frühzeitig anzeigt, wenn etwas nicht deiner wahren Natur entspricht. Ignoriere nicht die Auslöser dieser gefühlten Störung, sondern öffne deine Augen und auch dein inneres Auge für die Aufgaben, die sich dir im Leben stellen, und ihre Bewältigung.

Dabei geht es nicht darum, etwas zu produzieren, möglichst viel materiellen Reichtum zu schaffen und anderen Illusionen nachzujagen, sondern es geht um die Aufgaben, die mit deinem Lebensweg zusammenhängen, und deren Bewältigung. Diese führt dich immer weiter auf dem Weg zur Einheit, zur Vereinigung mit Gott, zur Einheit mit Allem-was-ist. Alle Aufgaben, die dir begegnen und mit Trennung verbunden sind, bei denen du fühlst, dass sie dich von anderen Menschen und von deinem inneren Zustand des Glücks trennen, können nicht deine wirklichen Aufgaben sein. Spüre also bei allem, was dir begegnet, und allen Menschen, die dir begegnen, nach, inwiefern sie mit dir und deinem Leben und deinen Aufgaben zu tun haben.

Was zeigen dir die Menschen? Warum wird dieses und jenes Schauspiel für dich aufgeführt? Spiegeln sie dich? Weisen sie dich auf etwas hin? Sei immer offen dafür zu lernen, in welcher Form auch immer. Bilde dir nicht ein, du wärst irgendwann in einem Zustand angekommen, alles zu wissen. Der wahrhaft erleuchtete Zustand ist bisher nur wenigen vorbehalten. Er muss nicht das Endziel in diesem Leben sein. Du sollst dich nicht mit Unerreichbarem quälen, du musst nicht heilig werden, da du sonst deinen Lebenszweck verfehlt hättest. All das sind Dinge, die dir dein Ego einzureden versucht, wenn du einmal den heiligen Weg der Einheit gegangen bist. Sobald dein Ego versteht, indem es sich seines liebsten Werkzeugs, dem Verstand, bedient, dass du dich nicht mehr instrumentalisieren lässt und dich mit den üblichen äußeren Aufgaben deiner Gesellschaft nicht mehr identifiziert, findet es oft direkt das nächste Ziel, das es zu erreichen gilt. Dieses Mal auf spirituellem Weg, also zum Beispiel heilig zu sein oder Erleuchtung zu erreichen. Das ist nur eine neue Verkleidung von Egozielen, die dich von deiner Freude und Leichtigkeit im Hier und Jetzt abbringen.

Du musst nicht dieses und jenes erfüllen, perfekt sein, niemals aus der Rolle desjenigen fallen, der ruhig, friedlich, ohne Ärger und Aggressionen ist. Denn das ist im Moment nicht zu erwarten. Befreie dich von diesen neuen Zwängen. Sei zufrieden und glücklich damit, wie du im Hier und Jetzt bist. An dem Ort, den du dir für dieses Leben gewählt hast. Die Leichtigkeit und Freude zu leben und sie auszustrahlen, sodass du die Menschen und andere Lebewesen und überhaupt deine ganze Umgebung durch dein wahres Sein beschenkst. Damit tust du sehr viel für die Welt. Weitaus mehr als durch blinden Aktionismus und das Abhaken sämtlicher Leistungen, die du an einem Tag vollbringen könntest, die aber vielleicht nur aus reinem Pflichtgefühl vollbracht werden. Bist du dagegen in der Freude und Leichtigkeit, lebst du deine wahre Natur, erfüllst dein Sein als unsterbliche Seele und öffnest automatisch den anderen um dich herum das Tor aus ihren täglichen Zwängen heraus. Sie werden, wenn auch unbewusst, dein Licht wahrnehmen. Indem sie es sehen und fühlen, werden sie an ihr eigenes Licht erinnert, das in ihnen ist und das sie sind. So hilfst du allen und jedem beim Übergang in die Neue Welt, die Licht ist und sich aus den Zwängen der Dualität gelöst hat. Lass dein Licht strahlen, ohne zu glauben, vermeintlich alles zu wissen oder alles wissen zu können. Einfach im Vertrauen in dich als unsterbliche Seele, in deine Verbundenheit mit Allem-was-ist und in deine Helfer, die dir aus der Geistigen Welt jederzeit zur Seite stehen und mit denen du genauso verbunden bist wie mit allem anderen kosmischen Sein.

Übe Folgendes ständig: Dich in der Leichtigkeit zu halten, mit der Natur zu schwingen, im Bewusstsein, dass alles, was dir begegnet, von dir selbst geschaffen wird, als dem Schöpfer des Lebens und der Welt, und es ganz bei dir liegt, welchen Weg du gehst und wo du bist. Es ist dir alles möglich: Du kannst dich zum Opfer machen, dich sogenannten Tätern ausliefern. Du kannst dir selbst das Leben zur Hölle machen und schwierig gestalten. Wenn all das für dich noch einen Zweck erfüllt und dieses Leben für dich interessant macht, ist das vollkommen in Ordnung. Mache nur nicht andere dafür verantwortlich, wie du dein Leben lebst. Sie symbolisieren nur in der äußeren Welt etwas, was du in deinem Inneren geschaffen hast. All das löst sich auf durch deine Entscheidung und dem Folgen deines inneren Pfads.

Hierin liegt nichts Zynisches. Solltest du es so empfinden, zeigt das nur, dass du deine Schöpferkraft noch nicht vollkommen begriffen hast. Auch die schrecklichsten Dinge, die dir widerfahren sind, hast du gewählt. Du hast dir eine Geschichte geschaffen, die dir einen bestimmten Reifegrad für dieses Leben gegeben und zu den Erfahrungen beigetragen hat, die du dir für deine Seelenreife gewünscht hast. Du wolltest das Leben erfahren. Es gibt also keinen Grund, sich bei deinen Tätern, bei denen, die dir nicht geholfen haben, und bei Gott zu beklagen, sondern sei all den Helfern dankbar, die dir bestimmte Erfahrungen ermöglicht haben. Der Schmerz ist eine Illusion, die du dir geschaffen hast, um diese Erfahrungen wirklich intensiv zu gestalten. Der Schmerz ist ein Wegweiser für den Menschen, ohne den er selbst den Weg nicht wahrnehmen würde. Das ist ein Resultat der Dualität, in der du noch lebst. Mit dem Übergang in die Neue Welt wird all das nach und nach überflüssig. Und du kannst dich bedanken und dankend umdrehen ins Jetzt. Vielleicht freust du dich auf all das Spannende, was noch kommt? Aber auch das ist deine Wahl.

Nun, wo du dich von der Vergangenheit gelöst hast und dich ins Hier und Jetzt wendest, mache nicht den Fehler, nun mehr in der Zukunft zu leben als in der Gegenwart. Auch die Zukunft ist nur ein Konstrukt der Zeit, geschaffen vom Verstand, da er eine lineare Vorstellungswelt braucht, um zu funktionieren. Linear im Sinne von Entwicklung, Zeit, einer zeitlichen Abfolge, Ursache und Wirkung. In wieweit du dich mit dieser Vorstellung identifiziert, liegt bei dir selbst. Ausschlaggebend ist immer das Gefühl, das aus deinem innersten Lebenskern kommt und aus dem Licht geboren ist, das dir deinen Weg zeigt. Was auch immer du noch an Schwierigkeiten, Umwegen, Abenteuern, Schmerzen, Begegnungen, sinnvoller oder sinnloser Art, wählst, all das ist deine Wahl. Alles, was interessant ist, kann ein Spielzeug deines Verstandes sein.

Du kannst auch einfach an einem ruhigen Ort in der Innenschau sitzen und dort den ganzen Kosmos wahrnehmen und die Leichtigkeit des Seins spüren. Auf diese Art kannst du in alle Länder dieser Welt fliegen, in alle Bereiche deines Seins vordringen und in alle Dimensionen des Kosmos reisen. Es gibt keine Verpflichtung zu irgendetwas. Alles, was du meinst zu brauchen und was hierüber hinausgeht, ist ein Produkt der

Maya, der großen Täuschung. Es bleibt ganz dir überlassen, inwieweit und wie lange du noch damit spielen möchtest. Du brauchst keinerlei Schuldgefühl zu haben.

All das analysiere ich an dieser Stelle so detailliert, um dir klarzumachen, dass *du* der Schöpfer deines Seins bist. Du brauchst dich vor anderen nicht zu rechtfertigen. Denn du bist der Schöpfer deines Seins. Du hast vor dieser Inkarnation auf deinem Seelenweg dieses Leben gewählt. Wie du es nun gestaltest, liegt ganz bei dir. Übernimm also die Verantwortung und überlass sie nicht anderen. Wenn du das tust und anderen die Verantwortung überlässt, macht es dich nicht frei davon. Denn über all dem steht dein Geist. Alle, die bestimmte Rollen in deinem Leben spielen, sind in diesem Sinn Erfüllungsgehilfen. Es macht also wenig Sinn, ihnen zu grollen, sie anzuklagen und ihnen Vorwürfe zu machen, wenn sie in einer Form in deinem Leben erscheinen, die dich nicht mit Freude erfüllt. Frage dich immer, was es hier zu lernen gibt. Wenn das für dich klar ist, verabschiede sie dankend.

Vieles, wenn nicht sogar alles, wird sich in Leichtigkeit verwandeln, wenn du es nur zulässt. Wenn du dem ständigen Gedankenfeuer in deinem Kopf entkommst, dem Verstand, der sich sehr gerne Horrorszenarien ausdenkt, dem Ego, das ständig neuen Zielen hinterher jagt, usw. Wenn du all das mit deinem Licht durchdringst, wirst du lachen können und dich an dem freuen, was *wirklich* ist. Die Wirklichkeit umfasst mit hoher Wahrscheinlichkeit noch wesentlich mehr, als du im Moment wahrnehmen kannst. Und je mehr du dich in der Leichtigkeit des Seins fühlst, desto mehr lebst du *deine* wahre Wirklichkeit gemäß deiner wahren Natur, die Licht ist.

10. Karmaerlösung als Rettungsanker

Karma – Was ist das eigentlich? Darüber wurde schon viel gesprochen und geschrieben, und doch wissen viele gar nicht so richtig, was Karma eigentlich ist. Karma ist nichts anderes als das Gesetz von Ursache und Wirkung. Das heißt, es ist von Natur aus nicht negativ oder positiv. Es *ist* einfach. Eins der kosmischen Gesetze, denen alle Lebewesen unterworfen sind. Auch du hast dich mit dem Entschluss, dich als Seele in dieser Form als Mensch zu inkarnieren, dazu entschieden.

Das Gesetz des Karmas gilt schon von Anbeginn der Zeit auf dieser Welt und in dieser Dimension. Es ist unausweichlich, dem unterworfen zu sein, auch wenn man ihm noch so sehr entrinnen möchten. Tatsächlich ist es sogar substantiell wichtig für dein jetziges Leben. In deinem Leben wirkt dieses Gesetz überall und zu jeder Zeit. Genau wie in dem Leben aller anderen Menschen. Vielleicht hast du dich schon mit der Idee befasst, dass du nicht nur einmal lebst, sondern schon viele Male gelebt und dich immer wieder neu als Mensch inkarniert hast. In diesen Leben ist es möglich oder sehr wahrscheinlich, dass du Karma aufgebaut hast. Alles, was du tust und denkst, bewirkt Karma. Denn was von dir ausgeht, in welcher Form auch immer, in Gedankenströmen oder Taten, die du ausübst, immer resultieren daraus auch Folgen. Folgen für dich und dein jetziges oder spätere Leben. Daher kommt es, dass in manchen Büchern das Karma als Rucksack beschrieben wird, den man seinen ganzen Seelenpfad entlang mit sich herumträgt.

Nun fragst du dich sicher, was für ein Karma *du* hast. Deinem Karma kannst du sehr leicht begegnen, indem du dich in einen Raum der Stille begibst, in dem du alleine bist. Zurückgeworfen auf dich selbst, ohne Einflüsse von außen, ohne etwas, das dich aus der scheinbaren Außenwelt ablenkt.

Setze dich, wenn es dir hilfreich scheint, zum Beispiel mit einer Kerze oder leiser, meditativ unterstützender Musik hin und richte deinen Blick nach innen. Es kann sein, dass zunächst belanglose Bilder aus deinem täglichen Leben vor dir auftauchen. Aber es wird nicht lange dauern, und deine Gedanken werden in eine Richtung gehen, die nicht zufällig ist. Vielleicht kannst du dir zunächst nicht erklären, warum gerade diese Bilder wichtig sind, die mit diesen Gedanken verbunden sind. Vielleicht haben sie mit viel früheren Phasen deines Lebens zu tun. Hier ist der erste Ansatz, mit dem du dich beschäftigen kannst, wenn du dein Karma ergründen möchtest.

In welcher Situation hast du dich befunden? Was hast du gedacht? Was hast du getan oder auch nicht getan?

Unterlassung trägt genauso zum Karma bei wie deine Taten. Vergiss nicht: Auch wenn du nicht wirklich etwas ausgeübt hast, so sind schon allein deine Gedanken Ströme von Energie, die du in die Welt sendest, die positiv oder negativ wirken und deinen nächsten und weiteren Kreis beeinflussen. Mit der Kraft deiner Gedanken beeinflusst du die Welt und erschaffst sie – mit allen anderen zusammen – jeden Tag neu, auf der Basis von dem, was bereits ist. Und das, was bereits ist, kannst du jederzeit ändern. Du bist nicht unrettbar verloren in dem, was bereits geschehen ist, ob von dir oder von anderen verursacht, sondern du kannst jederzeit aus diesen Schatten der Vergangenheit in die Sonne, ins Licht der Erkenntnis heraustreten und durch verschiedene Methoden das Karma lösen.

So kann man durchaus sagen, dass Karmaerlösung für dich ein Rettungsanker im scheinbar unentrinnbaren Fluss der Zeit ist. Beginne, wie gesagt, mit der Innenschau und beschäftige dich mit deinem wahren Wesenskern. Schau, was dich wirklich bewegt, und lass alle äußeren Schichten von dir abfallen, die das tägliche Leben mit sich bringt. Vergiss in diesem Moment alle materiellen Zwänge und äußeren Verpflichtungen. Denn nun folgst du deiner einzigen wahren Verpflichtung: dem Erkennen deines wahren Selbst als göttliches Wesen, als unsterbliche Seele in der Wiedervereinigung mit Allem-was-ist, mit Gott. Was dich noch von der Erkenntnis abhält, mag durchaus das Karma sein. Ungelöstes Karma kann dich niederdrücken wie eine schwere Last. Von daher spüre dem nach: Was belastet dich? Was verdrängst du in dunklen Untiefen? Was möchtest du nicht wahrhaben, weil es sehr unangenehm und die Erinnerung schmerzhaft ist?

An die ersten Schichten des Karmas kommst du noch sehr leicht alleine heran. Du musst nur den Mut haben und das Vertrauen, dass alles lösbar ist. Hab Vertrauen in dich selbst, dass, welche Schuld auch immer dich belastet, du dir vergeben kannst. Genau das ist der nächste, der zweite Schritt nach dem Erkennen der ersten wesentlichen Bilder, die in dir hochkommen: die Selbstvergebung.

Sieh dir noch einmal genau an, was geschehen ist, wie ein Theaterstück auf der Bühne, das aufgeführt wird. Schau es dir genau an und fühle, soweit es dir möglich ist, noch einmal, was geschehen ist. Fühle dabei mit den anderen Mitspielern in dieser Situation mit. Und nun entferne dich mental von deiner Sichtweise her etwas von dir, von deiner Lage, sodass du einen besseren Gesamtüberblick bekommst. Du bist nun nicht mehr allein der Mitspieler in diesem Stück, sondern gleichzeitig der Beobachter, der diese Situation noch einmal Revue passieren lässt.

Nun gehe in die Wärme deines Herzens, in die tiefsten Tiefen deines Wesens, wo die Liebe ist. Nichts weiter als Liebe. Das ist dein wahrer Wesenskern. Lass diese Liebe wachsen und tauche ein in die ganze Situation, die du vor deinem geistigen Auge wiederbelebt hast. Lass sie erfüllen mit dieser Liebe. Fühle die warme Schwingung aus deinem Herzen und sieh, wie sich mit ihr alles Schwarze, Dunkle, Schuldhafte, alles Fürchterliche in Vergebung auflöst. Denke auch noch einmal an die Verzeihungsarbeit, die ich an anderer Stelle schon erwähnt habe: „Es tut mir leid, bitte verzeih mir, ich liebe dich, Gott geschieht." Noch einmal: Das Wichtigste ist, dass zunächst *du* dir selbst verzeihst und dich mit der ganzen Kraft deines Herzens annimmst, dich in Liebe einhüllst und in deinem tiefsten Inneren fühlst, dass du Liebe bist.

Selbst wenn du jemandem das Leben genommen hast: Kein Leben geht wirklich verloren. Jede Energie besteht weiter, jede Seele hat ihren Lebensplan, und in irgendeiner Form gehörst auch du dazu. Das ist im Vorhinein klar durch die Seelenabsprachen, die vor der Inkarnation deines und des Lebens anderer getroffen werden. So hat alles seinen Sinn. Und doch bedarf es der Würdigung und der Innenschau dieser Ereignisse, in denen es Opfer und Täter gegeben hat. Auch wenn diese Rollenverteilung nur scheinbar und zeitlich begrenzt ist, bedarf es des Verzeihens. Zuerst, wie gesagt, dass du dir selbst verzeihst. Und dann übergib diese Sache Gott. So kannst du spüren, wie Alles-was-ist dir verzeiht, da du ein Teil davon bist. Du bist wie die Zelle eines Körpers eingebunden in Alles-was-ist: untrennbar.

Diese Arbeit kannst du für dich alleine tun. Du kannst auch im Meditationszirkel mit anderen zusammenkommen, wo jeder für sich seine Arbeit tut und ihr doch vermehrt und leichter spürt, wie ihr miteinander verbunden seid. Zum anderen kannst du dir natürlich Rat holen und dir von Menschen, die sich mit Karma befassen und dir in Liebe ihre Hilfe anbieten, bei der energetischen Umwandlung und dieser Arbeit helfen lassen. Das kann besonders wichtig werden, wenn du weiter fortschreitest und in tiefere Schichten vordringen möchtest, die dir nicht bewusst sind.

Ereignisse, die in deiner vorsprachlichen Zeit stattgefunden haben, sind noch nicht mit bewussten Erinnerungen, sondern nur mit Gefühlen verbunden. Das ist die Zeit ungefähr vor dem zweiten Lebensjahr zurück bis zur Geburt oder in deiner Schwangerschaft bis zur Befruchtung. Vielleicht möchtest du weiter zurückgehen und Karma erkennen und aufarbeiten, das aus früheren Leben besteht. Es hat natürlich einen Grund, dass du dich immer weiter inkarnierst, auch in die jetzige Form. Neben allen Seelenerfahrungen, die du zu machen wünschst, leitet dich auch die Entwicklung deines Karmas in eine bestimmte Richtung. Es gibt Aufgaben, die du noch nicht zu Ende gebracht oder in deinen Augen noch nicht bestanden hast. Du hast bestimmte Rollen[2] eingenommen und möchtest sie nun in umgekehrter Form leben, um dein Karma abzuarbeiten.

Das alles sind Möglichkeiten oder können Gründe sein, dass du mit professioneller Hilfe dein jetziges Leben betrachtest. Wo sind die Ansatzpunkte? Was hindert dich? Was blockiert dich? Was steht dir im Weg? Welcher Art Menschen begegnest du? An welchem Punkt stehst du nun? Fühlst du dich wie in einer Sackgasse? Dann ist es höchste Zeit, mit der Innenschau zu beginnen und nicht im Äußeren verhaftet zu bleiben und dort ständig Erklärungen zu suchen, warum dir dieses und jenes nicht gelingt. Der alleinige Grund für alles, was dir geschieht, liegt stets bei dir. Es gibt keine anderen sogenannten Schuldigen.

Noch einmal: Der Sinn der Karmaerlösung ist nicht, dass du dich selbst als Sünder, der Schuld auf sich geladen hat, beschuldigst und fertigmachst. Natürlich würdigst du das, was geschehen ist, und bittest um Verzeihung. Aber die Erlösung ist dir stets gewiss. Die Frage ist nur, wie und wann du sie erreichst. Das ist je nach deiner Motivation und je nach Mensch unterschiedlich. Die Frage ist: Wie viele Leben hast du schon gelebt? Welche dramatischen Rollen hast du schon gespielt? Welchen Spielen hast du dich zur Verfügung gestellt?

Wenn du bereit bist, dir das ernsthaft anzuschauen und zu ergründen, wirst du auch in tiefe Schichten der Erlösung vordringen können. Es geht immer so weit, wie du es zulässt. Darum benötigst du neben Mut auch eine Menge Vertrauen in das, was möglich ist. Ja, es ist möglich, die Vergangenheit zu ändern! Ja, es ist möglich, auch die Schuld als Mörder und Folterer auf-

---

2 Gegensätzliche oder über-/untergeordnete Rollen wie Opfer – Täter, Mutter – Kind, Machthaber – Machtloser

zulösen! Das soll hier nicht im Leichtsinn gesprochen werden. Und auf keinen Fall ist es eine Aufforderung, schlimme Taten zu begehen oder die schlimmsten Gedanken zu denken, mit denen du andere verletzt, nach dem Motto: „Ach, danach brauche ich ja nur um Verzeihung zu bitten, und ich werde erlöst!" Ausschlaggebend sind immer deine ehrliche Motivation und dein offenes, liebevolles Herz. Dann wird dir alles gewährt. Die Geistige Welt ist da, um dir zu helfen und dich zu unterstützen in deinem wahrhaften Bestreben zur Einheit mit Allem-was-ist, mit Gott. Wenn du in deinem Inneren mehr und mehr Freiheit und Glückseligkeit fühlst, bist du auf dem richtigen Weg.

Es wird auch geschehen, dass du in diesem Leben wieder mit anderen zusammentriffst, mit denen du schon in früheren Leben wechselseitige Rollen gespielt hast: verschiedene Mitglieder einer Familie oder anderen Gruppierungen, auch mit wechselseitigen Rollen als Opfer oder Täter. Gehe also mit offenen Augen und offenem Herzen durch dein Leben und sieh, wo du etwas gutmachen oder richten kannst. Die Aufgaben kommen, wie schon oft gesagt, von alleine auf dich zu. Du wirst merken, wo es dich hinzieht und dass du zu bestimmten Personen schnell ein vertrautes Gefühl hast, so, als ob ihr euch schon länger kennen würdet. Wenn du das Bedürfnis hast, „deine Seele zu retten", so will ich es einmal ausdrücken, weil dieser Ausdruck oft gebraucht wird, hilf denen, die es nötig haben, genauso wie dir selbst. Du brauchst, wie gesagt, deinen Aufgaben nicht hinterherzulaufen oder Menschen zu ihrem Glück zu zwingen. Es geht hier nur darum, was sich dir von alleine bietet, und du brauchst nur zu nicken und „Ja" zu sagen und deine Hände mit offenen Handflächen gebend auszustrecken.

Es wird dir nicht schwerfallen, wenn es der richtige Weg und der richtige Mensch sind.

Opfere dich nicht auf, denn so schaffst du dir neues Karma. Glaube nicht, dass du mit Aufopferung gutes Karma erschaffst. Damit missachtest du nur deine eigenen Grenzen und zeigst dir gegenüber mangelnde Liebe. Das kann nichts Gutes auf die Welt bringen. Alle Wohltaten, die du so vollbringst, können nur scheinbar und von kurzer Dauer sein. Bleib zentriert, sei ehrlich zu dir selbst, fühle die Liebe in dir und deine Grenzen, die dir aufzeigen, was dir möglich ist. Wenn du darüber hinausgehst und dich in einer Form erschöpfst, die dich in Bezug auf die Lebenskraft in ein Minus bringt, wirst du dir diese automatisch auf einer anderen Seite wiederholen. Mit anderen Worten: Du wirst höchstwahrscheinlich andere Menschen bestehlen. Es ist offensichtlich, dass du dir auch auf diese Weise neues Karma auflädst.

Achte also darauf, dass du im Gleichgewicht deiner Kräfte bleibst und in deiner Motivation immer ehrlich bist. Spiele dich nicht als Retter der Menschheit auf, denn das ist nur egomotiviert. Bleib ganz bei dir, nicht im Kopf, sondern im Herzen. Erinnere dich immer an deinen Lebenskern, der Liebe und Licht ist, und agiere von *diesem* Zentrum aus. Dann kannst du nicht fehlen. Wenn du merkst, dass es genug ist, ziehe dich zurück. Ruhe und mache weiter mit deiner Innenschau. Du brauchst nicht andere zu retten oder bei ihnen etwas zu lösen. Für dich ist es offensichtlich, dass andere Probleme haben und du alles viel besser weißt. Aber glaube mir: Bei dir selbst hast du genug zu tun.

Der Mensch lässt sich nur allzu gerne ablenken von seinen eigenen Baustellen, weil es leichter ist, auf denen von anderen zu arbeiten. Alle Bilder, die du um dich herum siehst, die Theaterstücke, die aufgeführt werden und deren Zeuge du wirst, sagen dir etwas über dich. Also tust du sehr viel, wenn du *deine* Geschichten bereinigst. Die Geschichten dieses Lebens und vergangener Leben. Hab keine Angst. Du wirst die Chance zu allen wichtigen Begegnungen bekommen, in denen du etwas wieder gutzumachen hast oder etwas Neues lernen kannst. Wenn du dich nur traust, wirst du sehr viel über dich selbst lernen, wovon du keine Ahnung hattest, und auch vieles, was du nicht sehen wolltest. Hab den Mut, es zu sehen, und du wirst der Wahrheit jeden Tag ein Stück näherkommen. Doch alles Schlimme, was du finden wirst, auch das Allerschlimmste, was du getan hast, ändert nichts daran, dass alles nur Schattenspiele auf der Bühne des Lebens sind, die nichts daran ändern, dass du ein vollkommenes göttliches Wesen bist.

Die Erfahrungen, die du jetzt machst, helfen dir auf dem Weg zur Wiedervereinigung mit Gott. Die Einheit, zu der alle Lebewesen streben, ist das Thema der Neuen Zeit. Ihr könnt miteinander daran arbeiten, indem ihr euch gegenseitig bei der Karmaerlösung helft: Bei der Bereinigung eurer alten Geschichten, die euch von der Erkenntnis abhalten, dass ihr eins seid. Solange ihr noch in der Dualität lebt und von der Existenz von Gut und Böse, Täter und Opfer, Schwarz und Weiß, Falsch und Richtig ausgeht, so lange ist die Einheit noch nicht möglich. Auf der anderen Seite kann die Dualität eben erst vollkommen aufgehoben werden, wenn ihr alle die Karmaerlösung vollbracht habt. Durch Verzeihungsarbeit auf allen Ebenen, egal, ob vom Täter oder Opfer ausgehend – das ist beiderseitig gleichwertig möglich –, nähert ihr euch einander an, bis ihr euch eines Tages wieder zu Allem-was-ist vereinen werdet. Die Unterschiede, die nun noch zwischen einzelnen Menschen, Gruppen sowie Ländern, Kulturen, Religionen und Rassen zu spüren sind, sind alle nur temporär. Wenn du also wirklich etwas für die Welt tun möchtest, die Welt „retten", von allem Bösen befreien möchtest, beginne bei dir selbst. Alle Kriege, die ausgefochten werden, wirst du auch in dir und in deinem engsten Umkreis finden. So einfach ist das: Löse die Kriege in dir und in deinem direkten Umfeld, das mit dir verbunden ist, über Verzeihungsarbeit. Erlöse dein Karma.

Auf diese Art und Weise unterstützt du das, was du dir so sehr wünschst: den Weltfrieden. Warte nicht darauf, dass andere die Probleme der Welt lösen: die Politiker oder Militärs, die Landesherrscher. Sie alle sind nur Spieler in dem großen Spiel der Kräfte, genau wie du. Vergiss nicht, dass all ihre Macht nur *scheinbar* größer ist. Diejenigen, die wirklich am meisten für den Weltfrieden tun, verbleiben meistens im Unsichtbaren, und ihre Namen sind nicht bekannt. Niemand kennt sie. Und doch arbeiten gerade sie Tag für Tag am meisten für den Weltfrieden.

Lass dich also nicht vom äußeren Schein blenden. Hohe Positionen, schillernde Gewänder, großer Reichtum in materieller Hinsicht bedeuten nichts. Zieh dich nicht auf deine kleine Position der Unwichtigkeit zurück, denn das ist nicht wahr. *Du* hast die Verantwortung. Du hast die Verantwortung für dich, und somit trägst du Verantwortung für die ganze Welt. Denn die Welt ist nicht die gleiche ohne dich. Was *du* in dir trägst, ist ein Spiegel der Welt und umgekehrt. Wie im Großen, so im Kleinen, wie oben, so unten. In deinem Mikrokosmos spiegelt sich der Makrokosmos wider. Also erwarte nicht, wenn du in deinem Kosmos die Ungleichgewichte nicht lösen kannst, dass es dann im großen Gefüge der Welt klappt. Die da oben gibt es nicht. Es gibt aber alle, die gleich sind. Jeder ist gleich viel wert, jeder ist mit der gleichen wahren Macht ausgestattet – der Schöpferkraft, der göttlichen Kraft –, die Welt zu gestalten. Von daher unterschätze auch niemanden, wie zum Beispiel einen kleinen Jungen in China, der auf dem Markt Reis verkauft. Denn er könnte mit seinem großen offenen Herzen und seiner geistigen Kraft weitreichende Folgen auf der Welt bewirken. Mehr als manch bekannter weltlicher Herrscher, dessen Gedanken in Wirklichkeit nur bis zu seinem Geldbeutel reichen.

Das heißt nun umgekehrt nicht, dass du, wenn du alles in diesem Sinn richtig machst und ein wahrhaftiges, ehrliches Leben führst, ausgerichtet in Liebe auf Gott, davon ausgehen kannst, in materiellem Reichtum zu leben und eine materielle Belohnung zu bekommen. Materieller Reichtum ist für dein Glück nicht notwendig. Natürlich wird für dich immer gesorgt sein. Wenn du im Gleichgewicht mit dir bist und das entsprechend ausstrahlst, sodass du auch im Gleichgewicht mit deiner Umwelt bist, brauchst du dich nicht zu sorgen. Es wird für dich gesorgt.

Überbordender Reichtum muss nicht unbedingt dazu gehören. Und doch ist für jeden auf der Welt genug da. Du wirst feststellen, dass, wenn du mit der Innenschau und der Erlösung deines Karmas fortfährst, aus deinem Inneren eine ständig wachsende Glückseligkeit hervorsprudelt und du weder Zeit noch Lust hast, dich mit äußerem Tand zu beschäftigen. Das ist nur so lange eine äußere Ersatzbefriedigung, wie du dein Inneres noch nicht erreicht hast, den ständig sprudelnden Quell von Freude und Ekstase. Erliege also nicht den Versuchungen und Verlockungen, die dir in der Außenwelt als erstrebenswert vorgespielt werden, denn sie sind in keiner Weise mit der Freude vergleichbar, die aus deinem Inneren entsteht.

Manch einer glaubt, dass er durch ein Mehr, Mehr und nochmals Mehr in der äußeren Welt, irgendwann zu Glück gelangen kann. Das ist eine sehr traurige Illusion. Tatsächlich bedarf es so wenig, um sich wahrhaft gesegnet zu fühlen. Lass also zu, dass dein innerer Quell sprudelt und du solch eine innere Sicherheit und Freude ausstrahlst, die nur von jemanden ausgehen kann, der sein wahres Selbst gefunden hat und in wahrer Verbundenheit lebt, dadurch, dass er seinen inneren Wesenskern mit Allem-was-ist verbindet. So wird deine innere Sonne *immer* für dich scheinen, egal, ob es draußen schneit und stürmt.

Hab keine Angst vor äußerer Armut. Wenn du dich im Moment in einer Situation befindest, in der du mit deinem Schicksal haderst, mache dir klar, dass alles von dir ausgeht. Du wirst nicht von außen belohnt oder bestraft. Für dich ist immer gesorgt, wenn du es zulässt. Schneide dich nicht vom Fluss des Lebens ab, der immer bereit ist, dich zu tragen. Wenn du manchmal das Gefühl hast unterzugehen, dann fahre mit der Innenschau fort. Was redest du dir ein und warum? Was sind deine innersten Überzeugungen? Sind sie tatsächlich vereinbar mit dem Reichtum, der das Leben ist? Hast du ein Armutsgelübde geleistet, vielleicht in einem früheren Leben? Bist du mit alten Stigmata, mit Flüchen belegt? Bestrafst du dich selbst für etwas, was du getan hast? Glaubst du, sühnen zu müssen? Glaubst du, du hast dir etwas genommen, was dir nicht zugestanden hat? Und möchtest du nun auf irgendeine Art für Vergangenes büßen?

Besinne dich auf die Karmaerlösung, die immer möglich ist, egal, was dir geschehen ist oder was du getan hast. Mache weiter mit der Verzeihungsarbeit und lass dir im Verbund mit anderen helfen. Niemandem ist damit gedient, wenn du dich kleiner machst, als du bist. Tatsächlich ist niemand klein, jeder ist gleich groß, gleich viel wert und verdient es, in Wohlstand, Glück, Zufriedenheit und Gesundheit zu leben. Der Einzige, den du dafür verantwortlich machen kannst, wenn dem nicht so ist, bist du selbst. Hadere nicht mit Gott, mit den anderen, mit deinem Schicksal, sondern nimm die Dinge lieber selbst in die Hand und finde die Realität in *dir*.

Natürlich kannst du diesen Prozess hinauszögern, solange du es nur selbst wünschst. Sobald du aber die Hand ausstreckst, deine Augen öffnest und dein Herz freimachst, wirst du immer Hilfe finden. Um dich herum wirst du immer viele Menschen finden, die die gleichen Wünsche und Ziele haben wie du. Und du wirst sie anziehen – erinnere dich an das Gesetz der Anziehung –, die das Gleiche ausstrahlen wie du. Auch das gilt wieder in beide Richtungen. Beobachte also, wen du anziehst. Was sind das für Menschen, die dir begegnen? Was geschieht dir? Nimm diese Beobachtung zum Anlass, dich selbst entsprechend zu bereinigen. Stehe hier in deinem Leben mit aller Selbstverständlichkeit, mit der du hier bist und das Recht hast, hier zu sein. Lebe dein Leben, ohne andere zu verletzen, und mit dem Recht, nicht verletzt zu werden. Es ist für jeden genug Platz da, und es werden sich dir mehr Synergien bieten, als du dir bisher vorstellen kannst, wenn du dich für andere Menschen öffnest und dafür, mit ihnen zu kooperieren.

Du wirst deine innere Freiheit und Freude ausstrahlen und entsprechend noch mehr davon anziehen. Ignoriere nun nicht weitere Untiefen, die noch in dir lauern, sondern fahre immer weiter fort mit der Innenschau in der Meditation und in deinem täglichen Leben. Bleibe dabei bewusst und im Bewusstsein, dass dieses tägliche Leben ein Spiegel deines Innenlebens ist. Sieh dich also nicht mehr als Spielball der Gewalten, sondern sei dir klar darüber, dass *du* eine Gewalt bist, mit der zu rechnen ist und die hier auf dieser Welt ein Recht und eine Präsenz hat, ohne die die Welt nicht die gleiche wäre. Gib deine Gaben, teile dein Geschenk, das du mitbringst, mit anderen, und es wird gerne genommen werden, und du wirst bekommen. So seid ihr in ständigem Austausch. In vollkommener Selbstverständlichkeit bekommt jeder das, was er wirklich braucht.

Solltest du das Gefühl haben, etwas nicht zu bekommen, meditiere darüber, ob du es wirklich brauchst. Kannst du diese Frage ehrlichen Herzens mit „Ja" beantworten, bleibe beständig dabei, dich selbst zu erforschen. Wo blockierst du den Fluss des Lebens und lässt nicht zu, dass der Reichtum, der überall in Selbstverständlichkeit da ist, zu dir fließt? Denn du bist natürlich ein Teil des Flusses des Lebens. So, wie alles fließt, bleib auch du im Fluss. Versteife dich nicht auf etwas. Glaube nicht, dass deine Ideen immer dem höchsten und besten Wohl entsprechen müssen, sondern öffne deine Sichtweisen und deinen Blick für Alles-was-ist. So können die Möglichkeiten, die sich vor dir entfalten, auch sichtbar für dich werden. Tatsächlich ist die höchste Wahrheit immer ganz einfach. Suche nicht das Komplizierte, wo doch der Kern der Wesenheit des Lebens immer ganz einfach ist.

Mache dich also von bestimmten Erwartungen frei. Hier ist es natürlich unerheblich, ob du sie selbst hast oder ob sie von anderen an dich gestellt werden. Sei einfach offen und im Gleichgewicht deiner Kräfte, ohne Abwehr, was sich dir bietet. Denn du verdienst es, so oder so. Vergiss nicht: Dein wahres Wesen ist Freude, und du strahlst Wellen der Liebe aus. Solange du fühlst, dass dies noch nicht wahrhaft gegeben ist, lass nicht nach in deinen liebevollen Bemühungen, zu deinem wahren Wesen vorzudringen. Nimm dir die Zeit, denn nur diese Zeit ist wirklich wesentlich.

So vieles, was scheinbar immer zu tun ist, hast du dir als Verpflichtungen geschaffen, um dich davon abzuhalten, die Zwiebelschalen, die du um dich herum geschaffen hast, nach und nach zu lösen. Einfach aus der Angst heraus, was du finden könntest. Aber glaube mir: Nichts könnte fürchterlicher sein als das Drama, das du künstlich um dich herum erschaffst. Jede Wahrheit, die du in dir findest, will gewürdigt sein. Scheint sie dir auch noch so entsetzlich, sie führt dich über ihre endliche Erlösung zum wahren Quell deines Glücks, der aus deinem Inneren sprudelt. Sei also so mutig, in dein wahres Gesicht zu schauen. Die erste Wahrheit, die du findest, wird dir vielleicht nicht gefallen. Sie hat zu tun mit Geschichten, die du gelebt hast, und Rollen, die du eingenommen hast. Wenn du aber alle diese Schichten sorgfältig und liebevoll abschälst, wird am Ende immer nur ein liebevolles göttliches Wesen übrigbleiben – in Verbundenheit mit Allem-was-ist.

11. Wie ich meinen Weg finde

Oft ist es dir im Leben sicher nicht klar, was dein Weg eigentlich ist. Jeder spricht davon: von der Individualität einerseits, von der Gemeinschaft andererseits sowie davon, dass jeder auch seinen ureigenen Weg in der Gemeinschaft zu finden hat. In vielen Religionen und Gesellschaften, vor allem in der westlichen, ist es immer mehr in Mode gekommen, dass jeder sein Leben nur dann als erfolgreich bezeichnen kann, wenn er es individuell gestaltet hat, deutlich abgegrenzt von dem Leben anderer, und damit zeigt, dass er sich in seiner Kreativität und Intelligenz besonders auszeichnet. Was ein Mensch in seinem Leben schafft, ist somit praktisch wie sein Orden zu sehen, mit dem er sich schmückt. Was er hinterlässt, wird als seine Errungenschaft betrachtet, mit der er sich sozusagen unsterblich machen kann.

Diese ganze Vorgehens- und Betrachtungsweise ist natürlich egogesteuert. Das Ego möchte sich gerne als individuell und besonders sehen. Anders, und vor allem auch *besser* als die anderen. Anders heißt hier auch besser. Wer ist intelligenter, kreativer, schafft etwas schneller, besser, weiter als die anderen oder kann mit seiner Tätigkeit mehr Geld erwirtschaften? Das kapitalistische Denken steht im Grunde genommen hinter allem. Mehr ist besser. Höher und weiter ist wie im Sport besser und somit natürlich auch erstrebenswert.

Auf diese Art und Weise hat eine Abgrenzung zwischen den Menschen stattgefunden, die die künstliche Distanz, die die Menschen aufgrund ihrer Inkarnation als individuelle Wesenheiten sowieso schon empfinden, noch vertieft. Nur dürfen wir nicht vergessen, dass der eigentliche Weg, was die Seelenentwicklung angeht, im Zuge der Inkarnation, die du dir gewählt hast, den Weg zurück zu Gott beinhaltet, den Weg zurück zur Einheit, zur Gemeinschaft. Das heißt nicht, dass alle gleich sein müssen oder sollen. Im Gegenteil: Der Weg liegt darin, in Toleranz und Verständnis alle Verschiedenheiten zu sehen, anzuerkennen und zu akzeptieren. Wer von sich und seinem Leben, anderen Religionen, Kulturen, Ländern und Kontinenten erwartet, dass sie sich anpassen, angleichen und somit nicht mehr voneinander unterscheidbar sind, wird sich mit diesem Ziel unter großen Druck und Stress setzen, denn es ist unerreichbar. Warum sollte es auch das Ziel sein, dass alle gleich sind, die gleichen Meinungen haben, gleiche Traditionen und Kulturen pflegen? Es geht nur darum, jeden und alles so anzuerkennen, wie er beziehungsweise es ist. Und schon gibt es keinen Grund mehr für Krieg, und die Menschen können sich das erfüllen, was sie sich schon lange wünschen: in Frieden miteinander zu leben.

Nun kannst du dich fragen, ob das im Kleinen denn schon gelingt? Wenn du deine Familie betrachtest, deine Freunde, dein Kollegium und deinen Wirkungskreis im Ganzen, die Menschen, die zum Teil schon aufgrund eines sehr ähnlichen Hintergrunds gleichgeschaltet sind: Leben sie wirklich in Frieden miteinander? Schaffen sie es, selbst bei den kleinsten Kleinigkeiten im täglichen Leben tolerant zu sein, Verständnis zu haben und mit einem Lachen über Besonderheiten und Unterschiede hinwegzugehen? Oder gibt es auch hier einen täglichen Kleinkrieg? Darum, wer Recht hat, wer es besser weiß und wer die anderen noch besser belehren kann als der Nachbar. Jeder glaubt, er habe den einzig richtigen Weg gefunden. Es geht immer wieder um das Spiel: Unterordnung oder Überordnung? Eine wirkliche Gleichschaltung sieht man äußerst selten. Man kann das in der Kommunikation zwischen den Menschen beobachten, in der es ständig darum geht, den anderen zu taxieren und zu erkennen, ob man ihm über- oder untergeordnet ist.

Das ist ähnlich wie das Verhalten von Wölfen in einem Wolfsrudel. Auch Schimpansen verhalten sich nicht anders. Der Mensch aber, der glaubt, dass er sozialisiert sei und sich von den anderen, sogenannten primitiveren Wesenheiten abhebt, verhält sich nicht anders. Nur ist es von einer dünnen Schicht Sozialisation bedeckt, sodass man im normalen Leben nicht mit den Fäusten aufeinander losgeht und nicht die Zähne fletscht. Wobei es manchmal genauso aussieht, wenn man Menschen betrachtet, die auf eine Art und Weise miteinander kommunizieren, bei der sichtbar wird, dass einer dem anderen zu beweisen versucht, dass er es besser weiß und den einzig richtigen Weg kennt.

Hier gilt es also, zwischen der äußeren und der inneren Welt die Balance zu finden. Jeder hat seine individuelle innere Welt, bewegt sich aber in einem Kontext, in dem er in einer Gemeinschaft lebt, in die er sich einzufügen und der er sich anzupassen hat. Nun ist die Frage, wie weit einerseits die Individualität, andererseits die Anpassung an die Gemeinschaft geht. Hier musst du deinen Weg finden und deine Grenzen selbst feststecken, sodass du dich wohlfühlst und weder dich eingeengt siehst noch andere einengst. Leben und leben lassen, so könnte man es freundlich sagen, und es klingt sehr einfach. Und doch scheint es im täglichen Miteinander sehr schwer zu sein.

Betrachte nun dein Leben einmal genauer: In welchem Wirkungskreis bewegst du dich? Mit welchen Menschen hast du am meisten zu tun? Was für eine Art von Kommunikation pflegst du in den verschiedenen Gruppierungen, zu denen du gehörst, wie Familie, Interessengemeinschaften, die deine Hobbys oder Ähnliches betreffen, deine Arbeitswelt, deine Nachbarschaft usw.? Fang einmal bei deiner Familie an: Du kannst davon ausgehen, dass deine Familienmitglieder nicht zufällig mit dir zusammen in eine Familie geboren worden sind. Ihr habt euch vor der Inkarnation in diesem Bereich miteinander verabredet und Absprachen getroffen. In den meisten Fällen seid ihr schon lange miteinander verbunden – in vielen früheren Inkarnationen und in verschiedenen wechselnden Rollenspielen. Das steht natürlich in Zusammenhang. Wenn zum Beispiel deine Tochter früher dein Ehemann war, kannst du davon ausgehen, dass ihr noch einiges aufzuarbeiten habt und euer Karma näher betrachten könnt, so, wie es im vorigen Kapitel besprochen wurde. Welchen Weg habt ihr euch also gewählt? Jeder für sich, aber auch gemeinsam? Hier tritt die Gemeinsamkeit sehr gut zutage, weil ihr in Wechselwirkung miteinander steht und in verschiedenen Rollen miteinander agiert, die ihr euch in dieser Inkarnation für dieses Zusammenleben gewählt habt.

Nun ist eine sehr interessante Fragestellung: Was führt dich zu deinem Weg, und warum ist es so wichtig, deinen Weg zu finden? Ganz einfach: Du hast einen Seelenweg, der weit über das hinausgeht, was deine jetzige Inkarnation betrifft. Diese ist nur ein sehr kleiner Teil, aber ein wichtiger Puzzlestein auf dem Weg der Erfüllung deiner Ziele, die du dir im Rahmen deiner Seelenerfahrung gesteckt hast. Am Ende jeden Lebens sondierst du und fragst dich, wo du jetzt stehst. Welche Erfahrung hast du bereits gemacht? Was hast du abgearbeitet? Was wünschst du dir noch? Und was fehlt dir noch? Welche Art Leben, Beziehungen, Erfahrungen fehlen dir noch, um auf deinem Seelenweg in die Richtung zu gehen, die du dir einmal vorgestellt hast? Es gibt viele verschiedene Wege, und letztendlich führen sie alle zur Wiedervereinigung mit Gott. Zur Wiedervereinigung mit Allem-was-ist. Dann kann man von wirklicher Einheit sprechen.

Auf dem Weg zur Einheit gibt es viele individuelle Pfade, von denen man nicht sagen kann, dass der eine richtig und der andere falsch ist. Tatsächlich wirst du im Rückblick oft feststellen, wie viel zueinander gepasst hat und warum etwas dir oder deinen Lieben geschehen ist. Wenn du selbst aktuell in einer Situation steckst, ist es für dich oft unmöglich, einen Überblick darüber zu haben, welchen Sinn das Ganze nun macht. In der Verzweiflung, die dich manchmal wegen der Ereignisse, die dich oft in unangenehmer Weise überrollen, übermannt, steckt ein tieferer Sinn. Der Sinn, Erfahrungen zu machen, die deine Seele reifen lassen. Reifen zurück zu einem Status, in dem man dich hinterher wieder als vollkommenes, unschuldiges Kind bezeichnen kann.

Das ist ein Paradox, sagst du? Ein Paradox nur scheinbar, denn die Spirale deiner Erfahrungen dreht sich immer nach oben. Auch wenn du scheinbar wieder am gleichen Punkt ankommst, ist es doch nicht der gleiche Punkt, sondern auf einer höheren Ebene deines Bewusstseinsstands. Du wirst dein Bewusstsein immer mehr erweitern können, sodass sich dein Horizont immer weiter für die Sicht auf das Unendliche öffnet. Glaube also nicht, dass du schon sehr viel weißt und dich nur darauf verlassen solltest, was dein bisheriger Erfahrungsschatz ist. Vieles, worauf du im Moment keinen Zugriff hast, ist in deinem Unterbewusstsein verschlossen.

Natürlich bist du im Grunde deines Wesens ein unsterbliches, vollkommenes Wesen. Nur bist du dir dessen im Moment nicht bewusst. Und darin liegt die Gefährlichkeit: zu glauben, im Moment unfehlbar zu sein. Auch wenn du dir sagst: „Ja, ich habe alles gründlich durchdacht. Ich kommuniziere mit der Geistigen Welt. Ich halte Augen, Ohren und alle meine Sinne offen und nehme sogar meine geistige Führung wahr und folge ihr." Denn bedenke immer: Deine geistige Führung kann dich immer nur so weit führen, wie dein Horizont es im Moment zulässt. Sie kann dir nicht alles sagen und zeigen, was in der Tat für die vollkommene Wahrheit wichtig wäre, denn dann würde sie dich deines individuellen Willens und Verstandes berauben, die dich im Moment führen. Die Werkzeuge des Egos, das deinen individuellen Weg steuert. Es bedarf also vieler Meditationen und Bewusstseinsarbeit, um Schritt für Schritt, Stück für Stück, deinen Horizont zu erweitern und deine Sicht zu öffnen: auf dich selbst, auf die anderen, auf die Dinge, letztlich auf Alles-was-ist, was besteht und immer bestanden hat.

Es würde nicht zu dir und deiner Inkarnation, die du nun gewählt hast, passen, alles zu wissen. Wenn dir bewusst wäre, was wirklich ist, dann bräuchtest du keine individuellen Leben mehr zu leben, denn du könntest die entsprechenden Erfahrungen, die damit verbunden sind, nicht mehr machen. Wenn du alles wissen, alles verstehen würdest, könntest du auch gleich in die Geistige Welt eingehen und dort bleiben. Du hast dich aber entschieden, den Pfad der Inkarnation von individuellen Leben noch weiterzugehen. Also beraube dich und andere nicht der entsprechenden Erfahrungen. Selbst wenn du einen Bewusstseinsstand hast, der scheinbar weit über dem deines Nachbarn steht, so beraube ihn nicht seiner Erfahrungen. Heile ihn nicht, verbessere ihn nicht, mische dich nicht in sein Leben ein. Stelle dich nicht über ihn, noch nicht einmal versteckt in deinen Gedanken, denn du weißt nichts. Du weißt nichts darüber, wo du wirklich stehst. Du weißt nicht, wo er steht, warum das so ist und warum ihr euch in einer bestimmten Form begegnet. Halte dich also mit vorschnellen Urteilen zurück, die du später bereuen könntest.

Würdest du dir nicht auch wünschen, dass dir jemand, der sich dir für weit überlegen hält, mit Toleranz, Liebe und einem offenen Herzen begegnet? Vergleiche es mit der Situation eines Kindes gegenüber seinen Eltern. Ein Kind hat noch nicht den Reifegrad seiner Eltern. Und doch: Obwohl es ihrer Führung bedarf, kann es ihnen im Grunde genommen weit überlegen sein. Nur in seinem Reifezustand ist es noch nicht nach außen sichtbar. Es hat in dieser Welt noch zu wachsen und Erfahrungen zu machen, auf dieser Schaubühne, in diesem Theaterstück, das ihr gerade spielt, mit euren individuellen Rollen, in denen jeder seinen eigenen Weg geht. Natürlich bedarf dieses Kind der Führung. Das heißt nicht, dass du das Recht hast, dich mit deinem Ego über dieses Kind zu stellen und dich in Überlegenheit zu fühlen. Diese Dinge sind nur temporär. Das Kind wird wachsen, es wird dir über den Kopf wachsen, und du wirst hinterher, wenn du alt und schwach bist, von ihm abhängig sein.

All das sind die äußeren Bilder, denen du auf deinem Weg begegnen wirst, in der einen oder anderen Rolle oder auch in allen Rollen hintereinander. Es sind die Gefüge, die du dir gewählt hast. Familiengefüge und alle anderen Gefüge der verschiedenen Wirkungskreise, in denen du tätig bist.

Hüte dich also davor, vorschnell deinem Ego zu folgen und Urteile zu fällen. Urteile zu fällen ist sowieso eine äußerst schädliche Angewohnheit des Menschen. Indem du ständig versuchst, Dinge, Geschehnisse und Menschen in Schubladen einzuordnen, beraubst du dich und andere wichtiger Erfahrungen. Hier sind wir wieder an dem gleichen Punkt. Indem du versuchst, etwas unter Kontrolle zu bekommen, mit welchen Werkzeugen auch immer, hältst du die Dinge klein und in einem engen Rahmen. Lässt du dagegen los und enthältst dich sämtlicher Urteile, dann öffnest du den Raum für Geschehnisse, mit denen du oder andere vielleicht gar nicht gerechnet hätten. Das kommt auch dir selbst zugute. Indem du den anderen den Freiraum lässt und sie nicht aufgrund deiner Erwartungen in bestimmte Rollen presst, gibst du ihnen die Chance, dich zu überraschen. Und zwar auch positiv. Wundere dich nicht, dass, wenn du jemandem eine Rolle zuordnest, er diese erfüllt. Lässt du ihn los und frei, kann er, da du ihn mit deinen Rollenerwartungen nicht künstlich stoppst, wachsen und dich mit seiner Reife, die du ihm zugestehst, entsprechend überraschen. Das gilt für alle Menschen, denen du begegnest, egal, ob jünger oder älter als du, ob abhängig von dir, egal, auf welche Weise, oder ob es flüchtigere Begegnungen sind.

Halte deinen Blick offen und deinen Horizont weit. Enge weder dich noch andere ein, weder bei der Art und Weise, wie jeder seinen Weg findet, noch bei dem Ergebnis oder entsprechenden Zwischenergebnissen. Halte dich auch bei der Beurteilung von Zwischenetappen, Zwischenzielen und Ergebnissen zurück, die du vielleicht bei dir oder anderen als nicht ausreichend betrachtest. Sei vorsichtig bei einem Fazit, das du nach bestimmten Zeitabschnitten oder Begebenheiten ziehst, zum Beispiel nach 5- oder 10-Jahresplänen, Beendigung der Schule, Beendigung des Studiums usw. oder nach Geburtstagen, nach dem 20., 30., 40. Geburtstag. All dies sind nur Kästen und Schubläden, die Menschen einordnen und entsprechend einengen und zu nichts anderem dienen, als das Ego zu befriedigen, indem es wieder einmal alles in irgendeiner Form unter Kontrolle bekommen hat. Und sei es nur dadurch, dass etwas oder jemand als nicht ausreichend oder als zu langsam in der Erreichung seiner Etappenziele abgeurteilt wird.

Selbst wenn dir jemand seine Ziele mitteilt, die er auf seinem Weg zu erreichen plant, heißt das noch lange nicht, dass du dir damit das Recht erwirbst, diese zu beurteilen. Es kann gerade im Plan des Menschen liegen, diese Ziele *nicht* zu erreichen, sich neue Ziele zu suchen oder sich in Geduld zu üben, schlechte Erfahrungen zu machen, einen neuen Entwicklungspfad zu beschreiten. Solltest du diesen noch so sehr als Umweg sehen, heißt das nicht, dass es ein Umweg für den anderen Menschen ist. Vielleicht wäre es einer für dich. Vielleicht ist es auch nur ein Ergebnis deiner Betrachtungsweise. Warum sollte es ein Ziel für dich und den anderen sein, möglichst geradeaus durchs Leben zu stürmen und von der Geburt bis zum Tod nicht nach links und rechts zu sehen? Möglichst ohne Schwierigkeiten, ohne Schmerzen, so, wie wir es uns oft für unsere Kinder wünschen, nicht wahr? Wie wünschenswert wäre denn ein solches Leben für deine Kinder oder dein Kind?

Ein Leben ohne Erfahrungen, die rechts und links vom geraden Pfad liegen – den du als geraden Pfad bezeichnen würdest –, könnte durchaus von deinem Kind als sinnlos und leer betrachtet werden. Denn es kommt auch mit *seiner* eigenen individuellen Betrachtungsweise in diese Welt. Es ist verständlich, dass du dir als Elternteil alles leicht, einfach und schön für dein Kind wünschst. Wenn es das aber gewollt hätte, wäre es in der Geistigen Welt geblieben. Dein Kind wünscht sich genauso wie du, glücklich zu sein. Glücklich sind die Menschen im Allgemeinen aber nicht, wenn sie immer alles haben, was sie möchten. Glücklich sind sie, wenn sie für etwas gearbeitet, gekämpft oder sich eingesetzt haben und es dann bekommen. Alles andere wird oft als selbstverständlich betrachtet. Glücklich, wahrhaft glücklich, sind die Menschen, wenn sie etwas gemeinsam erreichen und sich in der Gemeinschaft wohlfühlen, akzeptiert und toleriert als Individuum, so, wie er oder sie ist.

So sehen wir, dass alles gleich wichtig ist. Jeder geht seinen eigenen Weg, wie auch immer dieser aussehen mag. Das Glück besteht darin, das uneingeschränkt, soweit es für die Gemeinschaft vertretbar ist, tun zu können und gleichzeitig ein Teil der Gemeinschaft zu sein. Es besteht darin, aufgefangen zu werden, wenn es einmal nicht so leicht und rund läuft, und eine Gemeinschaft zu pflegen, in welchem Wirkungskreis auch immer, in der man gemeinsam lachen und fröhlich sein kann oder ein gemeinsames Ziel erreicht. Dabei bringt jeder das ein, was ihm am ehesten und besten entspricht. Du kannst davon ausgehen, dass, selbst wenn du dich manchmal sehr alleine fühlst, du auf deinem Weg immer Begleitung und Betreuung hast. Das ist von Natur aus schon durch deine geistige Führung gegeben, die immer bei dir ist. Auch wenn dich deine Eltern verlassen haben und dich nur Unglück umgibt, deine geistige Führung ist immer bei dir, und du kannst dich jederzeit an sie wenden.

Sei dir bewusst, dass du im Äußeren immer die Menschen anziehen wirst, die dir bestimmt sind und die du durch deinen Bewusstseinsstand herbeirufst. Es liegt also an dir, an dem, was du ausstrahlst, wie, wann und wie schnell dich die Menschen, die dir bestimmt sind, finden können. Sicher hast du schon gemerkt, dass das Verhalten der Außenwelt dir gegenüber anders ist, wenn du dich gut oder schlecht fühlst. Deine Ausstrahlung geht weit über deine Körpergrenzen hinaus. Denke daran, immer deinen Raum einzunehmen und mit deinem Licht zu füllen. So scheinst du entsprechend nach außen, sodass dich andere Menschen leichter sehen und finden können, sich besonders von dir angezogen fühlen und dir wie selbstverständlich *zufällig* beggnen werden, wenn sie sich auf einer ähnlichen Schwingung befinden wie du. Das sind dann Begegnungen, mit denen du eine besondere Kongruenz, Übereinstimmung fühlst, und bei denen sich wie selbstverständlich gemeinsame Ideen verwirklichen lassen, Projekte angegangen werden und ein schönes gemeinsames Erleben möglich wird.

Das heißt also, dass ihr nicht immer von A nach B kommen müsst, wenn ihr etwas erreichen wollt. Wenn du dich zum Beispiel entschlossen hast, in einem Chor zu singen, bewegt ihr euch vielleicht von einem Konzertsaal zum anderen, aber meistens werdet ihr euch einfach an einem Ort treffen, wo ihr gemeinsam eure Lieder übt und euch an der schönen Schwingung erfreut, die ihr durch eure Stimmen in die Welt bringt. Das ist ein Beispiel für ein schönes gemeinsames Erleben, und es muss keinen weiteren tieferen Sinn haben. Die kapitalistischen Vorstellungen und die der Leistungsgesellschaft, dass immer etwas in materieller Art geschaffen werden muss, kannst du getrost vergessen. Was in der Tat wünschenswert ist, ist eine hohe Schwingung zu schaffen, getragen von Liebe, Fröhlichkeit und Glück, die du gemeinsam mit anderen erlebst und die ihr gemeinsam in die Welt tragt. Hierzu gibt es noch viele weitere gute Beispiele.

Wenn du dich auf deinem Weg sozial engagieren und etwas für andere Menschen tun möchtest, so tue nur das, was du aus wirklich tiefstem Herzen tun möchtest. Gib das, was du wirklich geben möchtest, und erwarte nichts dafür. Sobald du etwas erwartest, gibst du etwas, von dem du das Gefühl hast, dass du es aus dir heraus weggibst und dir dann etwas fehlt. Und diese Motivation bringt dir genauso wenig wie den Menschen, denen du damit helfen möchtest. Ja, vielleicht haben die Menschen im ersten Moment etwas davon, etwas Materielles. Aber gleichzeitig geben sie ein Stück ihrer Kraft weg. Die Kraft, die du ihnen raubst, indem du mit deinem Unterbewusstsein an ihnen ziehst, weil du dich eigentlich bestohlen fühlst. Sobald du merkst, dass du Dank oder eine Wiedergabe erwartest oder enttäuscht bist, wenn mit dem, was du gegeben hast, nicht entsprechend verfahren wird, kannst du davon ausgehen, dass deine Gabe umsonst war. Und zwar nicht nur umsonst für die anderen, sondern von dir aus gesehen. Sie hat deinen Lebensweg nicht bereichert.

Arbeite also nicht an den anderen, die sich verändern und sich anders verhalten oder etwas anderes tun oder sagen sollten, als du es dir vorstellst, sondern arbeite an dir und hinterfrage bei all deinen Gedanken und Handlungen deine Motivation. Zu einem großen Teil wirst du feststellen, dass dein Weg noch durch dein Ego bestimmt ist. Das Ego lässt sich schlecht austricksen und tritt in vielerlei Verkleidung auf, um seine Handlungen zu verkleiden und zu ummanteln.

Wenn du also ehrenamtlich tätig werden, deinem alten Nachbarn helfen, anderen im Garten zur Hand gehen oder andere gute Taten vollbringen möchtest, so hinterfrage immer, warum: Möchtest du wirklich einfach nur Freude machen? Freust du dich darüber, dass es getan wird und über das Strahlen auf dem Gesicht des anderen? Ja, aber schaue zunächst auf dein eigenes Gesicht: Strahlst du bereits bei dem Gedanken, es zu tun? Dann ist die Reaktion, die du darauf erwartest, gar nicht mehr wichtig. Tatsächlich solltest du dich von allen weiteren Erwartungen vollkommen freimachen. Höre auf dein Herz und tue das, wohin es dich zieht. Beachte aber hierbei, wie es schon im zweiten Kapitel gesagt wurde, dass du an der Heilung deines Herzens fortschreitend weiterarbeitest, sodass es dir die richtigen Signale sendet. Du solltest keine Entscheidungen auf der Basis früherer Kränkungen treffen, denn das ist eine der Möglichkeiten, wie du auf deinem weiteren Weg fehlgeleitet wirst. Natürlich hast du es dir vielleicht gewählt, viele Umwege zu gehen, oft nach links oder rechts zu gehen, obwohl irgendetwas in dir dich in die andere Richtung zieht.

Vielleicht fühlst du dich oft zerrissen auf deinem Weg, weil du einfach nicht weißt, welche Richtung er dir zeigt. Hier wirst du in der Meditation immer auf die richtige Antwort treffen. Denn in der Meditation, wenn du dich wirklich auf dein Inneres zentrierst, alles Äußere außen vorlässt, deinen Atem durch dich fließen, deinen inneren Wesenskern aus deiner Körpermitte heraus sprechen und dieses Licht dein Herz erreichen lässt, dann bist du an der Quelle des Universums angelangt, die aus dir leuchtet. Eine entsprechende Stimme wird auch aus dir sprechen, die dir die richtigen Impulse gibt. „Richtig" im Sinne *deines* Wegs.

Komme in dieser Art auch mit anderen zusammen. Trefft euch in losen Gruppen auf der Basis der Freiwilligkeit, wobei keiner vom anderen profitiert, außer in der Hinsicht, dass ihr euch alle gegenseitig bereichert und es euch in diesen Zirkeln leichterfallen wird, in einem sicheren Rahmen euch selbst zu finden. Lasst in der Verbindung mit dem Universum – zusammen im Kreis mit anderen – euren inneren Wesenskern leuchten, indem ihr, jeder durch sein Licht, wie *ein* großes Licht leuchtet. Durch die Ausstrahlung dieses Lichts werdet ihr wiederum andere anziehen. Ihr werdet, auch ohne diese Menschen persönlich zu kennen, mit vielen anderen Lichtkreisen, vielen kleinen Gemeinschaften auf der Welt in Kontakt stehen, die ein Netz um die Erde ziehen, um so die Erde, die viel zu tragen hat, mit Energie zu speisen. So werdet ihr dazu beitragen, dass die Erde aus sich heraus wieder viel leichter leuchten kann, als es im Moment noch der Fall ist.

Es hat schon viele Lichtarbeiter gegeben. Wenn auch, prozentual gesehen, diese Gemeinschaft wenig von der Gesamtweltbevölkerung ausmacht, sind es doch viele tausend Menschen, insgesamt 144.000, die den Unterschied gemacht haben. Den Unterschied, der dazu geführt hat, dass die Erde nicht in den Dritten Weltkrieg gegangen und noch nicht dem Untergang geweiht ist, sondern dass eine weitere Hochkultur davor steht, entwickelt zu werden. Dadurch, dass die Lichtarbeiter den Weg für die Welt in die höhere Dimension bereitet haben, wurde der Weg für den Aufstieg bereitet. Und du gestaltest ihn mit. Sei dir also dessen bewusst, nicht auf der Ebene des Egos, sondern im tiefsten Sein, dass du für die Evolution der Erde und der Menschheit ein unersetzlicher Teil bist.

Wenn du dieses liest, hast du dich bereits entschieden, hier mitzuwirken, und bist ein Lichtarbeiter. Du lässt dein Licht leuchten, du bringst Licht in die Welt und verbindest dich mit dem großen Licht, das alles ist, was ist. Du bist ein Teil von Allem-was-ist, schon immer gewesen. Der Unterschied zu früher besteht heute darin, dass es in dein Bewusstsein kommt und du einen Bewusstseinsstand pflegst, der es dir erlaubt, dein Licht zu spüren, zu sein und in die Welt zu senden. Keine Angst, das ist nicht schwer, denn du tust es automatisch mit deinem Wunsch und der Pflege deiner Gedanken und Handlungen, die eine hohe Schwingung in die Welt tragen.

Was ist eine hohe Schwingung, und wie erreichst du sie? Nun, die höchste Schwingung, die stärkste Kraft des Universums, ist die Liebe. Also pflege mit Toleranz und Akzeptanz die bedingungslose Liebe, die du bist und fühlen kannst, stets für dich und alle anderen da, unabhängig davon, was du tust oder was die anderen tun und ob du damit übereinstimmst. Vielleicht fällt es dir leichter, wenn du erkennst, dass der göttliche Kern in jedem Menschen ist. Scheint jemand auch noch so verloren, noch so sehr im Dunkeln verhaftet, noch so schädlich für seine Umwelt, es schlägt auch in ihm ein göttliches Herz. Er hat es nur vergessen. Und doch spielt er eine wichtige Rolle. Er gibt dir einen Spiegel, er hat sein Licht verdunkelt, um dir bestimmte

Erfahrungen zu ermöglichen, und er ist das Zünglein an der Waage für die weitere Entwicklung der Welt.

Gerade die Menschen, die scheinbar der dunklen Seite verfallen sind, haben wichtige Rollen übernommen. Sie zeigen der Allgemeinheit oft auf recht unangenehme und brutale Art und Weise, wie die Erde behandelt worden ist, wie die Lebewesen behandelt worden sind: Menschen, Tiere und Pflanzen. Und sie zeigen auf karikative Art und Weise zugespitzt das Drama, wie es immer noch abläuft.

Im Grunde sind alle Erfahrungen gemacht worden. Für die Seelenerfahrungen ist Leid nicht mehr notwendig. Die Zeit ist abgelaufen, in der sich Christus ans Kreuz nageln lassen musste. Er hat sein Zeichen gegeben. Du hast alles durchlitten, genauso wie deine Mitmenschen, alles, was ihr euch vorgestellt hattet, um eine entsprechende Seelenreife zu erlangen und zurückkehren zu können zu Gott in die Unendlichkeit. Sei dir also bewusst: Alles, was du jetzt noch durchleidest, beruht auf eigener Wahl und ist Teil der letzten Züge des Dramas, das sich im Übergang der Welt beim Aufstieg abspielt. Es ist nicht deine Aufgabe, die Welt zu retten, dich dem Drama entgegenzuwerfen, Einhalt zu gebieten, dich in den Kampf zu stürzen. Damit würdest du all das nur weiter nähren. Halte dich zurück, bleib bei dir, halte dein Herz rein und atme. Sieh und vergib. Vergib vor allem dir im täglichen Spiel des Dramas.

Du brauchst dir nicht die großen Kriege anzuschauen. Bleib bei dir, bei deiner Familie, bei deinem kleinen Umfeld, dort hast du genug Drama zu heilen. Und beginne bei dir selbst. Alles Äußere ist doch letztendlich nur ein Spiegel deiner selbst. Rettest du dich, rettest du alles. Solange du glaubst, du hättest im

Außen noch etwas zu retten, bist du noch im Spiel verhaftet. Im Spiel des Lebens, dem Spiel der großen Täuschung, der Maya. Pflege deinen Bewusstseinsstand, indem dir vollkommen klar ist, dass alles vollkommen ist, so, wie es ist. Bleib dabei, die Aufgaben zu erfüllen, die sich dir von ganz alleine stellen. Du brauchst ihnen nicht hinterherzulaufen. Solange du das tust, zeigt das nur, dass du lieber ins Außen flüchtest. Geh in dein Inneres und erforsche in der Meditation deinen eigenen Wesenskern. *Das* ist dein eigener Weg.

12. Es gibt noch viel zu tun

Oft scheint dir das Herz zu schmerzen, weil du deinen Weg nicht kennst und nicht weißt, ob das, was du fühlst, denkst und tust, das Richtige ist. Das Richtige für dich, für deine Mitmenschen und für die Welt. Oft scheinen diese Richtungen auch im Gegensatz zueinander zu stehen. Für wen sollst du dich entscheiden? Folgst du deinen eigenen Bedürfnissen? Erfüllst du die Bedürfnisse der anderen? Oder was braucht die Welt? Was ist dein Beitrag, um die Welt zu bereichern? Was ist dein Beitrag, um die Welt in ihrem Aufstieg weiterzuführen? Sind es egoistische Wünsche, die dich treiben? Gibt es etwas, das du nicht tun willst, obwohl du das Gefühl hast, du solltest, müsstest…, weil du es kannst und es für andere tust? Weißt du einfach nicht genau, wo deine Grenzen sind, was dir noch guttut, was du noch leisten kannst, ohne Schaden zu nehmen? Was du noch leisten kannst, solange du dich wohlfühlst? Oder welche Forderungen an dich darüber hinausgehen? Forderungen, die deine Grenzen überschreiten, die es aber gut wäre zu erfüllen, als ein Beitrag zur Hilfe für Einzelne oder eine Gemeinschaft. Wo sollst du hier die Grenzen setzen? Willst du dich aufopfern? Was ist eigentlich Aufopferung? Kannst du wirklich nicht mehr leisten, oder ist eine Verweigerung einfach egoistisch von dir? Ist es Faulheit, dass du glaubst, etwas nicht zu können und entsprechende Bitten somit nicht erfüllst? Du stehst nicht zur Verfügung. In welchem Rahmen gilt das?

Du hast sicherlich die beste Motivation, denn du möchtest deinen Beitrag leisten mit den Fähigkeiten und Möglichkeiten, die du hast: *da zu sein* für deine Familie, Freunde, für die Arbeit und andere Mitmenschen. Natürlich bist du kein schlechter Mensch, und doch fragst du dich oft: „Tue ich genug? Ist es schlecht von mir, etwas abzulehnen oder zu sagen, dass ich es nicht kann?" Vielleicht spürst du dabei, dass du es doch noch irgendwie schaffen könntest. Aber irgendetwas in dir sträubt sich dagegen, weil du das Gefühl hast, es ist zu viel. Vielleicht fühlst du dich auch von anderen Menschen überrumpelt und oft ausgelaugt? Vielleicht hast du Angst, ausgenutzt zu werden und weißt nicht, wie weit du mit dem, was du für andere leistest, gehen sollst?

Es stimmt, es gibt noch viel zu tun. Die Frage ist nur, ob es im Außen zu suchen ist. Ob die Erfüllung dieses Tuns wirklich glückt durch das, was du nach außen trägst und für andere tust, indem du für andere da bist. Was bleibt in dir zurück? Die Antwort findest du – wie immer – in deinem Inneren.

Fühle deine Präsenz, deinen Wesenskern in deinem Inneren, den göttlichen Funken, und spüre hinein, was dir dein Gefühl sagt. Begib dich in Liebe dorthin, für dich und für alles und in Allem-was-ist. Tatsächlich ist natürlich kein Weg zurückzulegen, aber um es dir leichter zu machen, stelle dir deinen inneren Raum wie eine behagliche Höhle vor, in der du die Wahrheit findest und für deine göttliche Führung aus der Geistigen Welt erreichbar bist, zum höchsten und besten Wohl. Orientiere dich zur höchsten Kraft. Lass dich nicht durch äußere scheinbare Störfaktoren beirren.

Diese kommen in Wirklichkeit oft nur aus anderen Anteilen deiner selbst, aus deinem Ego oder seinem Werkzeug, dem Verstand, der dir ständig zu erklären versucht, was möglich ist und was nicht. Nicke zu all dem in Liebe und spüre einfach weiter hinein in deinen Wesenskern. Du hörst, du nimmst wahr, du siehst. Aber die einzig wahre Antwort kommt aus deinem inneren Gefühl. Nicht aus deinem schlechten Gewissen, nicht aus deinem Schuldgefühl, nicht aus Auf- und Abrechnungen, die dir dein Verstand einzutrichtern wünscht, sondern aus deinem innersten Gefühl, wo du die göttliche Wahrheit findest. In diesem deinem inneren Raum bleibt die äußere Illusion, die Maya, außen vor. Hier bist du nicht Teil des großen Spiels, des Spiels des Lebens, des Theaterstücks, das alle gemeinsam auf der Bühne des Lebens aufführen. Hier bist du in deinem Kern angelangt, den du mit dir trägst und den deine Seele von Leben zu Leben beibehält. Hier spürst du am leichtesten die Verbundenheit zu Allem-was-ist, den Kern deines Wesens, *die Liebe*, und deine Bereitschaft, ein Teil der göttlichen Kraft zu sein.

Lebe deine Schöpferkraft, die dir geschenkt wurde, und gib freimütig und freiwillig aus vollem Herzen. Aus diesem Raum heraus kannst du verschwenderisch sein. Verschwenderisch leben und verschwenderisch geben. Denn dieser Raum ist unendlich. Nach diesen Gaben wirst du dich nicht missbraucht, erschöpft oder ausgelaugt fühlen: Je mehr du von hier aus gibst, desto mehr wirst du gleichzeitig bereichert. Denn du bist ein Teil dieser Fülle, aus der du schöpfst und gibst, und gleichzeitig lebst du dein wahres Sein. Alles, was nicht aus diesem inneren Raum kommt, sind nur äußere Handlungen, als Reaktion auf äußere Forderungen. Durch sie kannst du dich in der Tat erschöpft fühlen, da du dabei agierst, ohne mit deiner inneren Kraftquelle verbunden zu sein, die dir immer die Wahrheit zeigt.

Lass dich nicht von verzweifelten Forderungen irremachen, die von anderen an dich gestellt werden. Diese Menschen gehen über deine Grenzen hinaus, weil sie dich vereinnahmen wollen. Sie beanspruchen dich mit ihren Wünschen und Problemen, die sie nicht alleine lösen können, weil sie es nicht wollen. Für diese Menschen ist es leichter, anstatt sich mit sich selbst zu verbinden, von dir zu fordern, da sie dich als Kraftquelle spüren. Sie spüren, dass du mit dir in Verbundenheit bist, dass du etwas zu geben hast, was sie nicht haben. Sie können es dir nicht wegnehmen. Sie können aber auch nicht wirklich davon profitieren, wenn sie es versuchen. Du gibst den Menschen sehr, sehr viel, wenn du sie segnest, in deinem inneren Raum bist und von dort aus freigiebig deinen Reichtum mit ihnen teilst.

Natürlich kannst du auch etwas für sie tun. Aber nicht über deine Grenzen hinaus, die dein Wohlbefinden ausmachen. Du kannst sicher sein, dass die Menschen, wenn sie nicht durch die Art, wie sie fordern, deine Hilfe bekommen, auf andere Art und Weise ihre Probleme lösen können. Du bist nicht die einzige mögliche Rettung. Wenn das so wäre, würden sie sich dir auf eine Art und Weise und in einer Form nähern, indem sie auf die Möglichkeiten eingehen würden, die du ihnen bietest. Spüren sie diese? Nehmen sie das an, was du ihnen mit offenen Händen anbietest, oder fordern sie etwas anderes dringend, weil sie genau das brauchen? Hören und sehen sie überhaupt deine Freigiebigkeit und dein Angebot? Hier gibt es noch viel zu tun, und zwar für die anderen, nicht für dich. Denn du gibst bereits, du stehst da mit ausgestreckten Händen und ausgebreiteten Armen und gibst.

Frage dich auch, warum dir das geschieht: Warum wird es nicht gesehen? Warum spüren die Menschen, die etwas anders von dir fordern, nicht, dass du bereits alles gibst und sie ihr Herz nur dafür zu öffnen brauchen? Schätzt du dich selbst nicht wert? Erkennst du deine unendliche Schöpferkraft nicht? Spürst du nicht, oder musst du dir von außen beweisen lassen, dass du ein vollkommenes Wesen mit einem göttlichen Herzen bist, das das Wertvollste zu geben hat – die Liebe?

Ein Mitmensch, der sich dafür öffnet – für die Botschaft und für dein Geschenk –, wird zur Lösung all seiner Probleme geführt werden. Ausschlaggebend dafür ist seine Bereitschaft, anzunehmen: dein Angebot anzunehmen, sich deiner Präsenz anzuschließen und sich von deiner hohen Schwingung tragen zu lassen. Wie hoch ist deine Schwingung, wenn du dich nicht anzustrengen brauchst? Die wahren Dinge passieren ganz von allein. Sei bei dir, in der Mitte, in der Stille, und du nährst die anderen, indem du sie an der unerschöpflichen Quelle teilhaben lässt, die die göttliche Kraft ist und euch alle speist. Wer könnte noch etwas anderes fordern? Nur jemand, der sich nicht oder noch nicht einlässt auf Alles-was-ist. Das ist auch das gute Recht eines jeden, aber es ist dann nicht deine Aufgabe, dieses zu lösen. Das ist der Lebensweg des anderen: seinen Weg zu gehen und sich für die Speisen zu öffnen, die er so sehr vermisst. Du kannst ihm durch deine Präsenz helfen, sich deiner Schwingung anzuschließen, sodass es ihm leichterfällt zu empfangen, dadurch, dass er seinen eigenen inneren Raum findet, wo alle Lösungen sind.

Das bedarf nicht deiner aktiven Beihilfe oder sogar des Zwangs. Biete deine Präsenz an, so bietest du Hilfe zur Selbsthilfe. Vielleicht hast du schon die Erfahrung gemacht, dass du dich für andere aufgeopfert hast und danach Schwierigkeiten hattest, dich wieder zu regenerieren, die Quelle wieder zu fühlen, in deine Mitte zu kommen und deine Kräfte zurückzuerlangen? Das ist ein Zeichen dafür, dass du zu viel getan und dich von deinem Ursprung zu weit entfernt hast. Ist dir das gedankt worden? Kurzfristig hast du vielleicht deinem Mitmenschen die Illusion gegeben, dass es ihm jetzt besser geht, denn er hat sich von dir genährt. Dadurch hat er aber noch keinen Anschluss an die Quelle erlangt. Er ist sich dieses Anschlusses immer noch nicht bewusst. Im Gegenteil, du hast ihn in der Illusion bestärkt, dass er etwas von außen bekommen kann, ohne sein Inneres zu erforschen. Er hat sich nicht in seinen inneren Raum begeben, um zu erkennen, dass er ein göttliches Wesen ist. Er weiß immer noch nicht, dass er selbst einen Raum hat, aus dem er alles schöpfen kann. Hast du somit diesem Menschen einen Dienst erwiesen? Die Frage kannst du dir nun selbst beantworten. Geschadet hast du letztlich euch beiden.

Lass dich also nicht von äußeren Zwängen beeindrucken. Solltest du Schuldgefühle oder ein schlechtes Gewissen entwickeln, sieh es als Anlass, in dir zu erforschen, warum du mit diesen Gefühlen in Resonanz gehst. Was weckt der andere in dir? Was sind deine empfindlichen, nicht geheilten Punkte? Wo spürst du den Mangel? Was fehlt dir? Warum fühlst du dich hilfsbedürftig oder nicht vollkommen? Warum glaubst du, dass dir jemand anders etwas geben kann, was du nicht selbst hast?

Erforsche diese Fragestellungen genau und erkenne dich selbst durch das Beispiel, das dir der andere gibt. Sicher wirst du es immer häufiger und auch länger schaffen, deine Schwingung so hochzuhalten, dass du bewusst aus deinem inneren Raum heraus lebst. Nimm jeden Anlass wahr, der dich aus dem Gleichgewicht bringt, um dich wieder auf den rechten Pfad zurückzuführen. Versuche nicht, den anderen ihr Leben zu erklären und ungefragt Lösungen aufzuzeigen. Wenn du gefragt wirst, sprich nur von deiner Erfahrung. Das heißt nicht, dass es bei anderen genauso funktionieren muss. Zeige nur Möglichkeiten auf, wenn überhaupt. Am besten ist es, wenn du einfach deine Schwingung durch deine Präsenz verschenkst. Übe dich im Verschenken, wo immer du auch bist, was immer du tust, auch wenn du nichts tust. Es gibt so viel zu tun. Und all das tust du, wenn du mit Allem-was-ist in Verbundenheit bist und es aus deinem inneren Raum heraus spürst. Gehe mit offenen Augen durchs Leben und sieh das Leid. Sieh, wie die anderen leiden und kämpfen und sende und spende deinen Segen. Teile deinen inneren Raum, indem du bewusst deine hohe Schwingung mit Allem-was-ist hältst.

Es bleibt allen anderen selbst überlassen, ob sie dein Geschenk annehmen oder nicht. Das geschieht im Allgemeinen im Stillen, ohne Worte. Ihr müsst euch nicht kennen, keine engeren Beziehungen oder Kontakt pflegen. Ohnehin sind alle Lebewesen wie die Zellen eines Körpers miteinander verbunden, sodass du deinen Beitrag zum Aufstieg der Welt einfach dadurch leistest, dass du da bist.

Es ist schon viel gesagt worden. Viele Worte sind gefallen, gute und schöne Worte, mit denen tiefe Weisheiten ausgesprochen und niedergeschrieben wurden. Auch in diesem Buch wirst du für deinen ureigenen Lebensweg Anstöße finden. Und doch, worauf kommt es eigentlich an? Nur auf eins: Dass du sie fühlst – deine Einheit mit Gott.

Wenn du glaubst, du könntest höchste Weisheit oder Erleuchtung erlangen, obwohl du an dir und an allem, was dich ausmacht, an all deinen Anteilen vorbeigehst, irrst du dich. Suche also nicht im Außen die Aufgaben. Suche nicht im Außen das, was zu tun ist. Wie ich schon mehrfach sagte: Die Aufgaben, die *du* erfüllen kannst, kommen von alleine zu dir. Es wird dir leichtfallen, sie zu erfüllen, denn du erkennst sie als wahre Aufgaben. Sie mögen klein oder groß aussehen, das spielt keine Rolle. Den wahren Schatz findest du in dir selbst, du brauchst ihn nur zu heben. Wie bereits gesagt: Komme in Freude mit anderen zusammen. Sie müssen dir nicht gleichgesinnt sein. Jeder hat seine eigenen Vorstellungen, seinen eigenen Glauben und seinen eigenen Weg. Wichtig ist nur, dass ihr den einen Wunsch teilt, genau diesen Wunsch: aufzugehen in Gott.

Es gibt viel und doch nichts zu tun, denn alles ist schon da. Einzig und allein die Erkenntnis fehlt noch. Lass dich also ein auf das Licht, das dir die Wahrheit weist. Öffne dich für deine geistige Führung, die dich in Liebe umgibt. Sie kann und darf nicht ohne deine Erlaubnis, deine Bitte, deinen innigsten Wunsch eingreifen. Nur daraufhin kann diese Wohltat zu dir kommen. Sei gewiss, dass du immer von liebevoller Achtung und Wertschätzung umgeben bist, wo auch immer du bist und wo auch immer du stehst.

Für die Geistige Welt spielen deine Aufs und Abs keine Rolle. Du wirst immer geliebt, ungeachtet dessen, was du scheinbar verbrochen hast, falsch gemacht hast, unterlassen hast oder woran auch immer es dir mangelt. Sei es mangelnde Disziplin, mangelndes Mitgefühl, mangelnde Liebe… Vielleicht meinst du sogar, dass es dir an Intelligenz mangelt?

Es gibt so viel Mangel, den Menschen bei sich selbst wahrnehmen. All das spielt keine Rolle für deine Seele und die Geistige Welt. Du wirst immer geliebt. Der Einzige, der dir wirklich verzeihen muss, bist du selbst. *Du* musst dich beschenken, wenn du dich beschenkt fühlen willst. Frei von schlechtem Gewissen, frei von Schuldgefühlen, frei von Ausdrücken wie „Ich sollte, ich hätte sollen, ich müsste…" Am besten streichst du diese Satzkonstruktionen aus deinem Wortschatz, denn sie belasten, beschweren dich nur und halten dich davon ab, das einzig Wahre zu tun: deinen inneren Raum zu pflegen wie den heiligen Ort, der er ist. Auf Anerkennung von außen kannst du lange warten. In der Tat solltest du äußerst misstrauisch sein, wenn du allzu viel Anerkennung von außen bekommst. Wird hier vielleicht einfach nur dein Ego genährt? Warum bekommst du diese Anerkennung? Opferst du dich doch wieder für andere auf?

Prüfst du all das sorgfältig und der Weg sieht rein und klar aus, so freue dich. Es ist schön, wenn man dich wertschätzt. Das ist aber keinerlei Bedingung für deinen Erfolg. Erfolg aus der Sicht deiner Seele bedeutet, dass du zu deinem Ursprung zurückkommen kannst und darfst, der Gott ist. Und was hierbei dein ureigener Weg ist, ist allein deine Sache. Niemand kann dir hier wirklich raten, denn jeder kann die Dinge nur aus seiner Sicht sehen, und diese mag subjektiv auch stimmen. Der Ratschlag kann aus bestem Gewissen und liebevoller Absicht gegeben werden. Höre dir alles an und dann gehe deinen eigenen Weg, in Anerkennung und Wertschätzung deiner selbst. Das heißt nicht, dass du andere ablehnst, nur weil du ihrem Rat nicht folgst. Danke ihnen liebevoll, wenn du ihren Rat erfragt hast. Wenn er dir ungefragt aufgezwungen wird, zeige deine Grenzen und lass ihn freundlich an dir wie einen Sommerregen an einem Regenmantel abperlen.

Vergiss nicht, du bist unverletzlich, denn du bist ein unsterbliches Wesen. Alle Verletzungen, die du empfindest und auf deinem Weg bereits empfunden hast, sind nichts weiter als Illusionen, die dir helfen und dein Gefühl unterstützen, ein individuelles Wesen zu sein, das als Mensch lebt. Das ist Teil des großen Spiels, sodass du deine Erfahrungen machen kannst, die du dir zu deiner Seelenreife vorgenommen hast. Der göttliche Funke möchte die Erfahrung machen, wie es ist, als individuelles Wesen zu leben und entsprechend in Interaktion zu sein mit anderen individuellen Wesen. Aus diesem Grund wird dieses ganze Spiel namens Leben gespielt, zu dem du dich entschlossen hast. Liebevoll wirst du und werdet ihr beobachtet und begleitet, und insofern ihr es wünscht und zulasst, aus der Geistigen Welt auch geführt, als Teil der göttlichen Kraft von Allem-was-ist. Bereinige also deine Geschichten aus früheren und diesem Leben. Mache dir klar, dass es Geschichten sind. Danke für deine Erfahrungen.

Du hast sie integriert? Gut. Dann lass sie los. Jesus ist nicht mehr ans Kreuz genagelt. Er ist in voller Pracht hinabgestiegen und strahlt. Genauso kannst du dich von deinem Leid verabschieden und in der Freude deines neu gewonnenen Lebens strahlen. Das ist umso leichter durch die Neue Zeit möglich, in der du dich entschlossen hast, dieses Leben zu leben und den Aufstieg der Welt mitzugestalten. Dich erwartet wie alle anderen ein neues Goldenes Zeitalter, ein großer Schritt in der Evolution, der Beginn des Aufbaus einer neuen Hochkultur, die einige tausend Jahre andauern wird. Die Entwicklung und die Evolution gehen immer weiter. Darüber hinaus kann der menschliche Geist nichts erfassen.

Wenn du eines Tages in die Geistige Welt hinübergehst, wird dir vieles klarer werden. Du hast dich aber nun entschlossen, als Teil der Menschheit mit deinen Möglichkeiten und Gaben zu leben. Sei dir klar darüber, dass du somit ganz besondere Fähigkeiten und Möglichkeiten hast, die wiederum sehr dankbar von der Geistigen Welt aufgenommen werden. Du gestaltest den Aufstieg mit, und zwar den Aufstieg von Allem-was-ist. Somit bist du unersetzlich, wenn auch als Teil eines Ganzen, ein Individuum in deiner Besonderheit. Und besonders ist *jeder*. Das ist nicht in einer Hierarchie zu sehen, als Besser oder Schlechter, als eine niedrigere oder höhere Position. Ausschlaggebend dafür, wie du deinen Wert lebst und ihm Ausdruck verleihst, ist dein hohes Bewusstsein und die damit verbundene hohe Schwingung, die du in Liebe ausstrahlst.

Lass dir nicht weismachen, dass dich irgendetwas an höherer Bildung, höheren Positionen oder an großer Macht im politischen oder wirtschaftlichen Bereich wertvoller machen würde. Das sind alles nur Verkleidungen des Egos. Ja, sie gehören zum Leben. Ein nettes Spiel. Aber du musst daran in keiner Weise teilhaben, wenn du kein Interesse daran hast. Möchtest du dieses Spiel mitspielen? Gut, dann beklage dich nicht darüber. Es ist deine freie Wahl. Bist du in solch einem System, dann hast du dich dazu entschlossen. Steigst du aus dem System aus? Gut, für dich wird immer gesorgt sein.

Erinnere dich an die Lilien auf dem Feld. Wie Jesus sagte: „Sie säen nicht, sie ernten nicht, und Gott ernährt sie doch." Blühe also in deiner ganzen Schönheit, die du in deiner menschlichen Form bist – eine unsterbliche vollkommene Seele, ein Licht in der Dunkelheit, Teil von Allem-was-ist. Genieße und erfreue dich an diesem Leben. Und gib aus vollem Herzen deine Liebe in Verständnis und Toleranz für alles Andersartige. Denn erinnere dich daran: Alles ist nur scheinbar. Besser oder Schlechter ist eine temporäre Version der Wirklichkeit. Eine Wahrheit, die im Moment noch zu deiner Seinsebene gehört, aber im Licht der Unendlichkeit – im Sinne der höchsten Wahrheit – völlig unbedeutend wird. Dort löst sich die Dualität auf.

Wenn du dich also von anderen angegriffen fühlst, vielleicht weil sie deinem Gefühl von dem, was alles noch zu tun ist, widersprechen oder sie sich konträr verhalten, sodass du dich angeeckt und Ärger in dir hochsteigen fühlst, vergiss nicht, dich immer wieder zu fragen: „Warum fühle ich mich in dieser Weise so angesprochen? Hat das mit meinen eigenen alten Verletzungen zu tun, oder möchte ich mich für jemand anderen einsetzen, der scheinbar nicht für sich selbst sorgen kann?"

Wäge deine Gedanken, deine Gefühle und vor allem dein Handeln sorgfältig ab. Selbstverständlich sollst du Erste Hilfe leisten und in der Not beispringen. Hier brauchst du nicht lange nachzudenken. Aber frage dich immer, ob du andere nicht auch entmündigst. Besteht nicht die Gefahr, dass du ihnen Lebenserfahrungen vorenthältst, die sie sich für dieses Leben gewünscht haben? Entmächtige also nicht die anderen, mache sie nicht zu Opfern und Leidenden, sondern sieh sie als vollkommene wertvolle Wesen, unsterblich, als Teil der Unendlichkeit. Indem du sie auf diese Art und Weise wahrnimmst, machst du ihnen das größte Geschenk. Du bestätigst sie in ihrer Wertigkeit, die zweifellos jeder Mensch hat. In diesem Sinn gibt es kein Niedrig, Schlecht oder Falsch, denn der göttliche Kern steckt in jedem Menschen, was auch immer er getan hat.

Erinnere dich daran, dass viele Menschen Rollen übernommen haben, um anderen etwas aufzuzeigen. Sie sind Teil des Dramas, das sich nun im Übergang der Welt ins nächste Goldene Zeitalter abspielt. Die Krisen werden sich noch zuspitzen, aber ihr alle habt euch zur Verfügung gestellt, daran mitzuwirken. Beim Aufstieg der Welt kann jeder in seiner Rolle, an seinem Platz und an seinem Ort mit den verschiedensten Aufgaben mitwirken. Sprich also niemandem voreilig seinen Wert ab, nur weil er vordergründig nicht in deiner Liga spielt. Segne, segne und segne. Das wird dir viele, wenn nicht sogar alle Antworten geben und dir helfen, deinen gefühlten Zwang loszulassen, in die Geschicke der Welt eingreifen zu müssen, das Schlechte niederzuringen, Krisen zu lösen und die Menschen allgemein auf einen besseren Pfad zu führen. Komm immer wieder, bei allem, was du siehst, hörst und erfährst, zu dir selbst zurück. Ja, halte dich am besten vom Einfluss der Medien fern, von den Nachrichten, die immer nur Schlechtes zu berichten wissen. Komm zu dir zurück, zu deiner inneren Wahrheit. Du entscheidest selbst, inwieweit du am Spiel der Täuschung teilhaben möchtest und dich von der Maya beeinflussen lässt. Du kannst dich jederzeit von diesem äußeren Spiel verabschieden, wenn du es wünschst, und Ruhe und Frieden in der Meditation finden, zentriert in deinem Wesenskern, bei der Erforschung deines weiten inneren Raums, in dem du wahrhaft und mit Allem-was-ist verbunden bist. In diesem Sinn gibt es noch viel zu tun.

Von ganzem Herzen wünsche ich dir dabei viel Freude, Geduld und Liebe für dich selbst. Verzeihe dir selbst! Alle Arbeit, alle wirkliche Arbeit, spielt sich in deinem Inneren ab. Hier gestaltest du die Welt.

Danksagung

Ich danke Yogananda zutiefst dafür, dass er mich ausgewählt hat, für die vorliegenden Botschaften seine Stimme zu sein und sie in die Welt tragen zu dürfen. Sie sind ein großes Geschenk für mich.

Ich habe das Gefühl, dem ging ein langer Qualifikationsprozess meinerseits voraus. Daher danke ich all meinen Lehrern auf meinem Weg, die mich bis zu diesem Buch führten. Zuallererst und vor allem danke ich meiner Mutter Ingela, die alles für mich gab. Ich danke auch meinem Vater für das Übernehmen einer Nicht-Rolle in meinem Leben, wodurch er es entscheidend geprägt hat.

Großer demütiger Dank geht an die Geistige Welt, besonders an meine Beschützer und geistigen Führer und Ratgeber: Horus, Aaja, Babaji, Krishnamurti, Yogananda, Lady Kwan Yin, Maria, Gabriel, Michael, Jesus, Johannes, Simon, Hieronymus, meine Schutzengel und die spezialisierten Heilengel bei meiner Arbeit.

Ich danke Dr. Barbara Donhoeffner, die mir aus tiefster Krise half und mir den Heilerweg aufzeigte, bevor ich es wusste.

Herzlichst und zutiefst bedanke ich mich bei meinen weltlichen Lehrern, bei denen ich in folgender zeitlicher Reihenfolge Workshops, Seminare und Ausbildungen im Bereich Heilung absolviert habe: Angelika Hohenberger, Milan Vidmar, Stormie Lewis, Karin Joyindigo Eischer, Erhard Josef Großmann, Paul Ferrini, Dr. Franz Renggli und dem Tian Gong-Institut.

Erhard Josef Großmann ist für mich einer der großen spirituellen Meister, wie sie nur selten auf die Erde kommen. Wir sind uns in enger Seelenverwandtschaft verbunden. Er hat die wertvollsten Wahrheiten und Geschenke der Geistigen Welt großzügig an mich weitergegeben.

Dazu danke ich Eckhart Tolle, dessen Audio- und Videoaufnahmen und Bücher für jeden Wahrheitssuchenden mehr als empfehlenswert sind. Außerdem Deepak Chopra, Chuck Spezzano, Eva-Maria Zurhorst, Anselm Grün und Franklyn Sills, deren Werke mich auf dem Weg der Erkenntnis ebenfalls weitergebracht haben.

Ein extra Dank an Katharina Andraschke, die die Yogananda Audioaufnahmen transkribiert und aufgearbeitet hat. Das war nicht immer einfach, und sie hat es bravourös gemeistert. Sämtliche eventuelle Übertragungsfehler gehen auf mein Konto, da ich die Texte lektoriert habe, um sie aus der gesprochenen Form in eine verständliche, korrekte Schriftform zu bringen.

Danke, dass ihr da seid: Andrea, Anny, Monika, Franz, Reinhard, Carola, Petra, Conny, Katarzyna, Didi, Lidia, Lidija, Lydia, Karin M., Anne, Pavel und meine geliebte Patchworkfamilie: Leon Matek und unsere Kinder Mark und Jakob.

Über die Autorin

Michaela Mardonovic wurde 1970 in Wuppertal geboren. Nach Abitur und BWL Studium war sie in Düsseldorf in Personalberatungen als Researcherin und Beraterin tätig. Im Jahr 2000 zog sie der Liebe wegen nach Slowenien und brachte 2001 einen Sohn zur Welt.
Von 2000 bis 2007 war sie als Deutschlehrerin in Slowenien tätig. 2005 bis 2009 absolvierte sie verschiedene internationale Ausbildungen und wurde tätig als Craniosacral-Therapeutin, Geistheilerin, Körper-Psychotherapeutin, Spiritual Life Coach sowie als Leiterin von Workshops. Von 2007 bis 2009 lebte und praktizierte sie bei Paris und führte von 2011 bis 2013 ein Center an der Deutschen Residenz in Slowenien.

Bereits 2009 in Frankreich begann sie, die Stimme *Krishnamurtis* in ihrem Inneren in Schriftform umzusetzen. 2012/2013 wurden ihr durch *Horus* erstmals durch sie gesprochene Botschaften für die Menschen übermittelt. Zu ihrer großen Überraschung wurden ihr im Mai 2013 von *Yogananda* für die nächsten 6 Wochen 12 Sitzungen angekündigt. Er wollte Botschaften zur „Heilung unseres Lebens" übermitteln, universell, aktuell für ALLE Menschen, zur Verwirklichung des wahren Selbst in der Neuen Zeit. Die Themen und Inhalte standen bereits fest.

Aufgrund der Wichtigkeit wollte er von seiner früheren Aussage abweichen, sich nach seinem Tod nicht mehr zu äußern. *Yogananda* sagte vor seinem Übergang, niemand könne forthin als sein ICH sprechen, denn er würde sich nicht noch einmal inkarnieren. Aus der Geistigen Welt sagt *Yogananda* heute dazu: „Ich sehe mich veranlasst, diesen Weg der Kommunikation zu wählen, damit meine Botschaft die Menschen wirklich erreicht."

Aus den Aufnahmen sollte ein Buch entstehen, das neuste *Yogananda*-Buch, seiner Tradition folgend, den Menschen zu helfen, ihr wahres göttliches Selbst zu leben.

Michaela Mardonovic:

„Hiermit erfülle ich den Auftrag, das Buch auf den Weg zu bringen, und ich würde mich sehr freuen, wenn *Yoganandas* von Liebe erfüllte Botschaften viele Menschen erreichen."